Badatz!

Viel zu tiefe Einblicke in den jüdischen Alltag

(mit LexiKohn)

Chajm Guski

Chajm Guski: Badatz!
Gelsenkirchen
Zweite Edition: April 2014

Chajm Guski
www.sprachkasse.de
chajm@sprachkasse.de

Ein Titeldatensatz für diese Publikation ist bei der
Deutschen Nationalbibliothek erhältlich.

Herstellung und Verlag:
BoD – Books on Demand, Norderstedt

ISBN 978 373 572 2621

MIX
Papier aus verantwortungsvollen Quellen
Paper from responsible sources
FSC
www.fsc.org
FSC® C105338

Die meisten Geschichten sind zuvor in der Reihe »Neulich beim Kiddusch« in der JÜDISCHEN ALLGEMEINEN *erschienen.*
Einige Geschichten in diesem Buch sind ungekürzt.

Dank also an die JÜDISCHE ALLGEMEINE, *die diese Artikel-Reihe ins Leben gerufen hat.*

Dank an Hannah Cordes von bluekaleroad.com für das Foto auf dem Cover.

4

Einführung

für Nichtjuden:

Jüdische Familien haben die gleichen Sorgen, Probleme und Kopfschmerzen wie ihre übrige Nachbarschaft – nur eben koscher und natürlich sehr viel liebenswerter und kuscheliger.

Dazu sind sie aus tiefstem Herzen religiös. Dass sie Klezmer hören, versteht sich von selbst.

Wenn Sie das glauben, ist dieses Buch genau das richtige für Sie.

Falls Sie das nicht annehmen: Überprüfen Sie Ihre progressive Haltung anhand dieses Buches.

für Juden:

Es ist schon fast abgedroschen, wenn man schreibt, dass die hitzigsten Debatten im ukrainischen oder italienischen Parlament gegenüber einer Gemeindeversammlung wirken, wie Kindergeburtstage mit Kindern die man mit Beruhigungsmitteln vollgepumpt hat.

Dabei steht die Gemeindeversammlung noch hinter einer Familienfeier. Der einzige Unterschied scheint zu sein, dass man nach der Familienfeier hinterher trotzdem noch etwas gemeinsam trinkt.

Kleine Geschichten davon erzählt dieses Buch in dem alles auf eine Bar Mitzwah hinausläuft.

Alle Geschichten sind, oft in kürzerer Form, in der JÜDISCHEN ALLGEMEINEN in der Reihe »Neulich beim Kiddusch« erschienen.

Wir treffen Juden aus London, Antwerpen, dem Ruhrgebiet, Israel und irgendwie von nebenan. Wir begegnen nichtjüdischen Besuchern, Super-Orthodoxen, Konvertiten, Naa-zis, Zionisten und Anti-Zionisten.

Eiskalten Frauen und freundlichen Frauen.

Eben alles, was so ein jüdisches Jahr hergibt.

Einige der *Typen* scheinen so stereotypisch zu sein, dass sich tatsächlich verschiedenste Personen in ihnen wiedererkannt haben. Dabei war das gar nicht beabsichtigt und nahezu unmöglich, denn dem Autor waren die Personen nicht bekannt, bis sie sich per Mail bei ihm beschwert haben.

Jüdische Begriffe, die vielleicht nicht selbsterklärend sind, findet man im LexiKohn ganz hinten.

8

Badatz!

»Badatz!«

war das Geräusch, das die Pappschachtel machte, als sie auf dem Boden unserer neuen Küche auftraf, nachdem ich meiner Frau die Botschaft überbracht hatte:

Ich wollte unsere neue Wohnung gern einigen Verwandten und Bekannten zeigen. Deshalb hatte ich sie alle zu einem festlichen Kiddusch eingeladen.

»Badatz« wäre auch das Geräusch gewesen, das der feuchte Schwamm an meinem Kopf gemacht hätte, den meine Frau nach mir warf – wenn ich mich nicht rechtzeitig weggeduckt hätte.

»Badatz« wird aber auch das Kaschrut-Zertifikat der »Edah HaChareidit« in Israel genannt.

Von diesem Zertifikat sagt man, also eigentlich sagt es die Edah HaChareidit, es stehe für den höchsten, ja allerhöchsten, Standard.

Meine Frau sagte, Onkel Joram achte da besonders drauf. Und so erhöhten sich unsere Ausgaben für die Veranstaltung um mehrere hundert Prozent.

Das bedeutet, wir mussten Plastikgeschirr kaufen, denn Onkel Joram würde sich ansonsten nur ein Glas Wasser wünschen. Wer weiß, welche nichtkoscheren Dinge wir vorher auf unserem Geschirr liegen hatten. Auch wenn das nicht der Fall war, gehört eine gesunde Portion Misstrauen zum guten Ton. Wohl deshalb erschien mir das Glas Wasser als gute und günstige Alternative, dachte ich. Verkniff mir aber, genau dies auch laut zu sagen. Auch meine Frage, ob das schlimm sei, wenn die Lebensmittel mehr kosteten als die neue Küche.

Als ich vom Einkaufen zurückkam, hatte ich sogar Eier mit einem Kaschrut-Zertifikat in der Tüte. Wobei sich das einfach anhört. Mal eben zum »Einkaufen« bedeutete eigentlich 200 Kilometer nach Antwerpen und 200 Kilometer wieder zurück ins Ruhrgebiet. Die ganzen Waren mit entsprechendem Stempel gibt es ja nicht bei jedem Discounter. Zu den unfassbar hohen Preisen kamen jetzt noch die Fahrtkosten.

Irgendjemand hat mal behauptet, Juden seien reich. Muss man das irgendwo anmelden? Ich könnte mir vorstellen, dass das auch auf mich zutrifft. Ich hätte nichts dagegen. Leider ist das noch nicht der Fall.

Das Zertifikat der Eier allerdings stammte nur von der »Edah Virtualit«, einer fiktiven Zertifizierungsstelle, deren Stempel einem Zeichenprogramm auf meinem PC entsprang. Überflüssig zu erwähnen, dass Onkel Joram diesen Stempel besonders beeindruckend fand.

Tante Keren hingegen achtete nicht besonders auf Kaschrut, bestand aber darauf, dass die Lebensmittel aus ökologisch einwandfreien Betrieben stammen. Also entweder vom Biometzger oder Biohof und dann per Biotransport zum Bioladen.

Da es offenbar keinen speziellen Bioschächter mit Biokaschrutzertifizierung »Öko-Badatz« gab, mussten wir auch hier improvisieren. Da sie Jüdin war, würde sie uns die Gleichung »Koscher = Gesund« natürlich nicht abnehmen.

Das Plastikgeschirr dagegen fand sie überaus praktisch für kleine Feiern. »Dann kann man später einfach alles wegwerfen und hat Ruhe.« Das beeindruckte sie.

Ihren Mann traf ich übrigens häufiger in der Innenstadt, wenn er sich nach der Arbeit in einen Imbiss schlich, um sich eine »vernünftige Zwischenmahlzeit« zu gönnen. Döner meistens, aber ohne den ganzen Salat: »Fleisch reicht«.

Ob der schöne neue Teppich, der unter unserem großen Esstisch lag, denn auch ökologisch einwandfrei wäre, fragte Tante Maya. Noch bevor ich antworten konnte: »Klar, sonst werden doch die Kinder krank, die ihn knüpfen«, schob sie hinterher: »Den müsst ihr gut pflegen«.

»Badatz« war dann das Geräusch, das der Plastikkidduschbecher von Tante Maya machte, als er unseren nagelneuen Teppich traf und dessen Muster um einen roten Kreis aus billigem Kidduschwein ergänzte - irgendwo musste ich sparen und man konnte den Wein ganz praktisch in die Flaschen des hochwertigen Weines umfüllen. Unsymmetrisch blieb es nicht lange, denn Tante Maya feuerte wenig später einen weiteren Becher hinterher und eines der Kinder ergänzte etwas Traubensaft. Übrigens bringt es nichts, mit den Schuhsohlen darauf herumzureiben. Das entfernt den Flecken nicht, aber es gibt ihm eine andere Form. Vielleicht bezweckte Onkel Joram das ja.

Auch aus dem frühen Aufbruch der Gäste, den wir uns erhofft hatten, wurde leider nichts. »Dann bleiben wir bis zur Hawdalah und fahren mit dem Taxi nach Hause«, schlug jemand vor. Ein Wunder, dass noch Wein übrig war für Hawdalah. Meiner Meinung nach befand sich der Großteil unserer Vorräte inzwischen auf dem Teppich.

»Badatz« machte schließlich der blaue Müllsack mit dem Schabbesgeschirr in der Mülltonne. Mit ihm verschwand der Traum von einem ruhigen Kiddusch zu Hause. Übernächste Woche sind wir zu Tante Maya eingeladen. Ich werde natürlich den klebrigsten Kidduschwein mitbringen, den ich finden kann.

Zimt und Schabbat-Ende

Seitdem es bei »Schlag den Raab« ein Spiel namens »Riechen« gab, möchte mein Sohn, dass wir in der Besamimbüchse regelmäßig die Kräuter austauschen.

Bei dem Spiel mussten die Spieler mit verbundenen Augen raten, was sie gerade rochen. Da war alles Mögliche dabei: Bier, Zwiebeln, Curry, Paprika und viele andere Sachen. Und obwohl es im Privatfernsehen lief, waren erstaunlich wenig eklige Sachen dabei.

Also testeten wir einige Kräuter, auch die viel gerühmten Nelken, und stellten fest, dass meine Frau sehr allergisch darauf reagiert. Dann probierten wir sogar fertig gemischtes Pizzagewürz. Sehr lecker, macht aber unnötig Hunger.

Irgendwann wurde uns das Spiel langweilig, weil ohnehin klar war, was in der Besamimbüchse ist und beschlossen, auf ein Gewürz mit einem guten Preis-Leistungs-Verhältnis zu setzen. Es sollte möglichst stark und gut riechen, möglichst lange und die Anschaffungskosten sollten nicht exorbitant sein. Safran schied also beispielsweise aus. Nach wenigen Sekunden vor dem Gewürzregal des Supermarkts, sind wir dann bei Zimt gelandet.

Das kommt bei uns praktisch sonst nur zu Pessach zum Einsatz, wenn es Mazzebrei mit Zucker und Zimt gibt. Zimt riecht sehr stark und erfüllt seine Funktion in der Dose ganz ausgezeichnet.

Den jungen Mann, der sich auf eine Konversion zum Judentum vorbereitete und sich bei uns zuhause die kurze Zeremonie anschauen wollte (oder sollte), warf das allerdings vollkommen unerwartet aus der Bahn »Hmmh – riecht so schön weihnachtlich«.

Nach diesem Abend sind wir ihm nicht mehr begegnet. Wir wollten trotzdem bei Zimt bleiben.

Auch meiner, gerade zwei Jahre alt gewordenen, Tochter gefiel das. Sie nahm direkt einen tiefen Zug aus der Dose und hatte anschließend die Nase voller Zimt. Die Dose war fast leer – so viel zum optimalen Preis-Leistungs-Verhältnis.

»Nos, Nos«, jammerte sie. »Nos« ist Russisch und bedeutet »Nase«.

Einige Wörter hatte sie sich auf Russisch angeeignet, andere auf Deutsch. Ein System war nicht erkennbar. Durch den Mund holte sie jetzt tief Luft und das war immer ein schlechtes Zeichen. Wenn sie still war und Luft einsaugte, bedeutete das, ein ohrenbetäubender Schrei würde unmittelbar folgen und so war es auch in dem Fall. Sie begann zu schreien und zu niesen.

Hier war Deeskalation gefragt, darum versuchte ich, sie zu beruhigen:

»Ja, die Nase ist zu, Nase zu.«

Ihre Augen wurden rund, und sie strahlte mich an. Irgendetwas musste sie zwischen dem Luftalarmschrei und meinem Nasenmantra falsch verstanden haben, denn strahlend zeigte sie auf ihre Nase und sagte:

»Naa-zi«.

Das Gelächter meines Sohnes gab ihr recht, und so wiederholte sie immer wieder »Naa-zi« und zeigte auf ihre Nase. Mein Sohn fand das auch nach der millionsten Wiederholung lustig und so fand sie die entsprechende Bestätigung.

In den folgenden Tagen machte ich mich zum Gespött der Nachbarn, weil ich während unseres Spazierganges alle paar Minuten auf meine Nase zeigte und immer wieder »Naaa-se« sagte.

Sie nickte immer nur, zeigte auf ihre Nase und sagte »Nos-Nos«. Also alles in Ordnung.

Zweisprachige Erziehung ist nicht so sehr einfach und man kann nichts erzwingen. Sowieso suchen sich die Kinder ihr Vokabular selber aus.

Der folgende Freitagabend verläuft dann friedlich und steht im Zeichen der Vorfreude auf einen Megakiddusch, zu dem wir in eine andere Gemeinde eingeladen sind. Es wird groß aufgetischt.

Großer Kiddusch bedeutet, man muss zuhause nicht mehr zu viel essen.

Exzellenter Kiddusch mit allem Drum und Dran.

Meine Frau kümmert sich um unsere Tochter, also kann ich zuschlagen und die großen Teller mitnehmen. Gerade als ich mir den Kaffee angeln möchte, stellt meine Frau das Kind zu mir. Eine Minute aufpassen bitte.

Doch jetzt überschlagen sich die Ereignisse: Der Gemeindevorsitzende naht, will mir die Hand reichen, schaut entzückt zu meiner Tochter.

»Oh, möchtest du ein Stück Challe? Die riecht so gut«, sagt er und zeigt auf seine Nase.

Pädagogisch und sprachförderlich einwandfrei. Obwohl ich nichts davon halte, dass sie mir hinterher auf die Hose kotzt, weil sie den Mohn nicht richtig abhusten kann.

Aber ich halte in der einen Hand die Tasse, in der anderen die Kaffeekanne und so kann ich meine Tochter nicht rechtzeitig aus der Schusslinie ziehen. Mohn war aber mein geringstes Problem. Es kam nämlich, wie es kommen musste:

»Naa-zi« sagt sie und lächelt.

Mein Gesicht nimmt die Farbe der weißen Porzellantasse an. Das dürfte es gewesen sein.

Im nächsten Moment halte ich meine Jacke in der Hand und bin auch schon draußen vor der Tür.

Zimt hat einen Teil meines Lebens zerstört.

Zimt gehört nicht in die Besamimbüchse!

Natürlich haben wir den Gijurkandidaten später wiedergesehen. *Das jüdische Deutschland ist klein.*

Er heißt nun nicht mehr Reinhold, sondern Jirmejahu. Weihnachten geißelt er als heidnisches Fest und streichelt, während er das so sagt, seinen kleinen Bart. Der schaut aus, als hätte Jirmejahu einen Salafisten gegessen und der Bart schaut noch irgendwie heraus. Der scheint auch aus ihm zu sprechen. Wer seine Auffassung nicht teilt, ist böse und soll endlich einsehen, dass er auf nichtjüdischen Pfaden unterwegs ist.

Natürlich stellte sich Frage, welche Gewürze man verwenden darf und welche nicht. Bei einigen Judaica-Anbietern kann man kleine Beutel kaufen. Handelt es sich dabei um eine »richtige«, ja »autorisierte« Mischung?

Die Antwort ist enttäuschend und entspricht nicht dem, was man erwartet hat: Es gibt keine Vorgaben dazu, welche wohlriechenden Gewürze verwendet werden sollen. Selbst mit Nelken gespickte Orangenschalen kommen offenbar ohne Probleme zum Einsatz. Die einzige Frage, die man sich stellen muss, ist, ob das Gewürz dem Zweck dient, gut zu duften und man darüber als »Duft« eine Bracha sprechen darf. Wenn dies der Fall ist, darf man das Gewürz verwenden (Schulchan Aruch, Orach Chajim 217).

Wenn das Gewürz essbar ist und zudem gut riecht, dann benötigt es keinen Extra-Segensspruch und kann *dementsprechend bei der Hawdala nicht verwendet werden. Gleiches gilt, wenn ein Duft eingesetzt wird, um einen üblen Geruch zu übertünchen, etwa Deo- oder Raumspray. Dies dürfte auch schlecht in die Besamimdose passen.*

Kinderkiddusch

U7 – für mich das Kürzel des Schreckens!

Bisher habe ich das für eine schlimme Eltern-Kind-Erfahrung gehalten.

Eine ärztliche Vorsorgeuntersuchung für Zweijährige. Oft kommen schlimme Dinge unter der Vorspiegelung guter Absichten daher, und Vorsorgeuntersuchungen sollen ja eigentlich eine gute Sache sein.

Ich weiß aber, dass sie im Wesentlichen dazu dienen, die Eltern schön auf den Boden der Tatsachen zu holen.

Da wird meiner Tochter ein Tennisball in die Hand gedrückt. Den soll sie werfen. Das macht sie zu Hause ständig mit unseren Bällen. Meist bevor wir zum Tennisplatz fahren wollen.

Bei der, nur vorgeblich, netten Ärztin allerdings sah meine Tochter den Ball einfach nur an. Der Blick erinnerte mich an Hypnose, und mit der Endloswiederholung »Ja, wirf doch mal den Ball – zu Hause machst du das doch auch immer. Zu Hause wirfst du alle Bälle herum. Na, komm, wirf«, machte ich nicht den Eindruck allerbester geistiger Gesundheit.

Die Ärztin nickte nur und schrieb ständig irgendetwas in ihren Block.

»Ja. Das kann sie, das kann sie«, rief ich immer und immer. Rückwärtsgehen?

»Ja, ja. Natürlich!«

Meine Tochter setzte sich aber lieber auf den Boden.

Würfel stapeln? Keine Chance.

Wahrscheinlich stand auf dem Block der Ärztin nur:

»Kind kann nichts. Vater überambitionierter Träumer, lässt seine Frau nicht zu Wort kommen.«

Was könnte schlimmer als diese Untersuchung sein?

Ich sage nur: Kinderkiddusch eine Veranstaltung, die eigentlich das Wohl der Eltern im Blick hat. Uns erreichte kürzlich eine Einladung. Unser zweites Kind hat uns offenbar wieder ins Rennen für diese Veranstaltung gebracht.

Kinderkiddusch sollte eigentlich bedeuten, dass die Eltern die Möglichkeit haben, am Schabbat entspannt zum Morgengebet gehen zu können.

In einem Nebenraum der Synagoge werden die Kinder bespaßt und beaufsichtigt. Auch während des Kidduschs passen »qualifizierte Kräfte« auf die lieben Kleinen auf.

Die Wirklichkeit sieht jedoch anders aus. Zum einen verwechseln einige Eltern die Veranstaltung mit dem Bälle- und Kinderland eines großen schwedischen Möbelhauses.

Sie geben ihre Sprößlinge um 9 Uhr in der Synagoge ab, verschwinden in der Innenstadt und kommen zum Kiddusch mit vollen Einkaufstüten zurück. Einmal richtig entspannt einkaufen.

Mehr als drei Stunden Beaufsichtigung!

Zum anderen scheint der Kinderkiddusch erfunden worden zu sein, um all die alten Lebensmittel irgendwie unter die Leute zu bringen. Wegwerfen wäre zu schade.

Interessant ist übrigens, dass Kartoffelchips nach einigen Tagen zuerst weich werden, und wenn man weiter wartet, werden sie wieder hart. Wenn sie dieses Stadium erreicht haben, dann sind sie gerade gut genug für den Kinderkiddusch. **21**

Aber die Helferin war vorgewarnt! Als mein Sohn zwei Jahre alt war, habe ich sie ausdrücklich darauf hingewiesen, dass er keine Gummibärchen isst. Erstens sind die Dinger nicht koscher, und zweitens mag er nur Dinge, die überhaupt irgendeine erkennbare Konsistenz haben. Die Helferin dachte bestimmt:

»Überambitionierter Schnösel! Alle Kinder mögen Gummibärchen!« und stopfte sie meinem Sohn gleich am frühen Morgen mit großen Händen in den Mund.

Hoffentlich hatte die junge Frau meinen Hinweis noch im Ohr, als sie eine Stunde später den Mageninhalt meines Sohnes aus dem Teppich im

Nebenraum scheuerte.

Eigentlich, finde ich, ist der Kinderkiddusch gar nicht so übel. Ich habe nichts davon mitbekommen, den Ärger hatten andere.

22

Frösche mit Kippah

Ljuba ist eine Bekannte meiner Frau.

Sie suchte schon sehr lange einen jüdischen Mann.

Das erstaunliche daran ist: Sie ist sogar selber jüdisch!

Eines Tages fragte sie meine Frau, wo sie denn mich gefunden habe.

Es schmeichelte mir, dass ich als gute Referenz galt.

»In der Synagoge«, antwortete meine Frau wahrheitsgemäß und knapp. (Wenn man mich fragen würde, dann war ich es, der meine Frau dort gefunden hat, nicht umgekehrt.)

Die Synagoge kam also jetzt erstmalig für Ljuba als ernsthafte Option infrage. Dabei, so nahm ich an, sollte es ihr eigentlich nicht schwerfallen, jemanden zu finden – oder sich finden zu lassen.

Seien wir ehrlich: In den meisten Fällen macht doch die Frau den ersten Schritt.

Emanzipation hin oder her. Nach manchen Regeln wird eben dauerhaft gespielt. Die werden nicht mal eben so geändert. Auch wenn Frauen und Männer in einigen Synagogen zusammensitzen, bleibt alles beim Alten.

Das Spielfeld mag verändert sein, die Regeln bleiben, wie gesagt, bestehen.

Ljuba sieht nicht übel aus. Aber ich möchte das nicht näher ausführen, denn ich bin verheiratet. Und als Ehemann achte ich überhaupt nicht auf solche Dinge, ich nehme sie einfach nicht wahr.

Und: Meine Frau liest dieses Buch auch.

Wenn ich darauf achten würde, müsste ich sagen:

»Ljuba sieht sehr gut aus und ist wohlproportioniert.«

Aber wie gesagt: Ich kann das nicht beurteilen, überhaupt nicht. Ich bin verheiratet.

Und: Meine Frau liest diesen Text.

Zuvor hat Ljuba eher indirekt nach einem jüdischen Mann gesucht und nicht an Orten, wo man jüdische Männer gemeinhin vermutet: Jeschiwa, Synagoge, Krankenhauskantine, Anwaltskanzlei.

»Indirekt« heißt, sie hat ein paar Männer getestet und dann geschaut, ob sie jüdisch sind. Mindestens ein Vertreter jeder anderen Weltreligion war aber vermutlich schon dabei, sodass Ljuba dann irgendwann einfach einen Treffer landen musste. Das erforderte natürlich eine entsprechend große Versuchsgruppe, die sie der riesigen Menge lediger (und unlediger) Männer entnehmen musste.

Nun also die Synagoge. Die erste Veranstaltung in der Gemeinde sei kein Gewinn gewesen, meinte

Ljuba. Man habe sie von der Seite angesprochen. Dabei hätte sie der Bursche überhaupt nicht gekannt. Hätte nach ihrem Namen gefragt, erzählte sie außer sich. Meine Frau und ich blickten uns ratlos an.

Bei einem anderen Kandidaten sahen wir nur, dass Ljuba sich eine Weile gut mit ihm unterhielt – bis sie mit dem Zeigefinger gegen ihre Stirn tippte und sich hastig wegdrehte. Was wollte er? Hat er sie belästigt?

Ich schob die Ärmel hoch, wollte einschreiten.

»Hat der mich doch glatt gefragt, ob wir gemeinsam in die Oper gehen«, sagte sie entrüstet. »Dabei kennt er mich doch erst eine halbe Stunde!«

Ein großes »Oj!« So konnte das nichts werden. Die Märchenprinzen waren für Ljuba Frösche mit Kippa. Dennoch blieb sie hartnäckig und ging schließlich doch noch mit jemandem aus. Der Bursche sah nett aus. Ich kannte ihn nicht. Kabbalat Schabbat sprach sie ihn an. Inzwischen haben sie sich schon mehrmals getroffen. Aber wie sich gezeigt hat, war er nur ein einziges Mal in der Synagoge. Das Priesterseminar hatte einen Ausflug dahin gemacht.

Definiere Chuzpe

»Ständig sagt ihr dieses Wort, und ich weiß nicht, was es heißt«, stellte mein Sohn kürzlich fest. Er meinte das Wort »Chuzpe«.

Ich überlegte eine Weile. Dann holte ich zur Erklärung aus: »Also, Chuzpe bedeutet, dass man irgendetwas auf freche Art erreicht und Dinge tut, die sich eigentlich nicht gehören.«

Man soll ja nicht schlecht über andere reden (*Laschon hara*, Sie wissen schon), aber um Kindern die Welt zu erklären, darf man sicherlich auch mal eine Ausnahme machen.

»Sieh mal«, sagte ich zu meinem Sohn, »du kennst doch Frau Schlafmann.«

Er nickte.

»Sie benutzt das Wort ganz häufig, noch häufiger, als Bundespräsident Wulff damals zum Rücktritt aufgefordert wurde. Zum Beispiel erzählte sie kürzlich, als der Busfahrer ihr neulich nicht helfen wollte, die Taschen aus dem Supermarkt in den Bus zu tragen, war das eine Chuzpe von ihm. Jedenfalls behauptete sie das beim Kiddusch. Dabei wäre es doch auch für die anderen Fahrgäste viel schneller gegangen, wenn er ihr geholfen hätte.

Zumindest meinte sie das.

Und als der Paketbote sich weigerte, mit der Nachnahmesendung am späten Abend wiederzukommen, nur weil das Stunden nach Feierabend war, sie aber dann das Geld hätte, war das eine Chuzpe, wie sie sagte.

Auch der Rabbiner, der ihr verboten hatte, ihren Hund mit zum Kabbalat-Schabbat zu bringen. Das würde doch nur eine halbe Stunde dauern. Und ob nun der Hund jault oder der Rabbi singt, mache ja wohl keinen großen Unterschied, sagte sie und schloss mit: Was für eine Chuzpe!

Dass Frau Weisz Herrn Schlafmann nicht die Sitzplatzkarte ihres Mannes für die Synagoge geben wollte, war auch eine Chuzpe. Wegen des schlechten Zeitpunkts. Dabei war Herr Weisz doch schon seit zwei Stunden beerdigt, meinte Frau Schlafmann. Das sei eine Chuzpe, sie länger zappeln zu lassen.

Oder bei ihrem Urlaub in Mexiko. Der war praktisch eine einzige Chuzpe. Das Gedränge in Mexiko-Stadt – eine Zumutung. Man könne ruhig mal an die Touristen denken. Eine einzige Chuzpe. Die elende Hitze auf ihrer Rundreise, oder die langen Wege im Landesinneren.

Bessere Straßen wären nicht schlecht. Alles eine Chuzpe. Jemand berichtete, dass der einheimische Führer Herrn Schlafmann angeboten hätte, die Dame für ein paar Pesos im Dschungel verschwinden zu lassen. Beim Kiddusch meinten einige Gemeindemitglieder, dieses Angebot nicht angenommen zu haben sei – ganz genau – eine Chuzpe.«

Mein Sohn schaute mich ungläubig an. Zwei Tage später eröffnete er mir, er sei unglücklich darüber, dass sein Nintendo DS nicht mehr funktioniere.

Es wäre sicher an der Zeit, das Gerät durch eine »PlayStation Portable« zu ersetzen.

»Wann ist das Ding denn kaputtgegangen?«, wollte ich wissen. Der Junge grinste mich an:

»Als ich mit dem Hammer draufgehauen habe.« Jetzt wusste ich: Er hat verstanden, was Chuzpe ist.

Laschon hara - die »böse Zunge«, auch »üble Nachrede« genannt. In der Halachah ist übrigens festgehalten, dass es hier nicht um das Verbreiten von Unwahrheiten geht.

Der Vollständigkeit halber, noch die »Standardgeschichte« zum Thema Laschon hara:

»Ein Mann hatte schlecht über einen anderen Mann gesprochen. Das bereute er eines Tages. Also ging er zum Rabbiner und fragte ihn, wie er diese Sünde wieder gutmachen konnte.

Der Rabbiner sagte dem Mann, er solle ihm ein Federkissen bringen. Der Mann brachte es dem Rabbiner. Nun sagte der Rabbiner, der Mann solle das Kissen aufschneiden und das Kissen aus dem Fenster halten. Das tat der Mann natürlich und beobachtete nun, wie der Wind die Federn durch die Stadt trugen.

Nun trug er dem Mann auf, die Federn wieder einzusammeln. Natürlich konnte der Mann dies nicht und ebenso sei es mit den Worten, die der Mann gesagt hatte.«

Diese Geschichte wird einem regelmäßigen Synagogenbesucher schon in mindestens drei Auslegungen des Wochenabschnitts begegnet sein.

Die richtige Behandlung

In einigen Synagogen in den USA wird man mit offenen Armen empfangen.

Es gibt sogar spezielle Begrüßer.

Sie halten nach neuen Gesichtern Ausschau, stellen sich selbst und die Gemeinde kurz vor, erkundigen sich höflich nach dem Gast (ohne Verhörgefühl) und suchen dann einen passenden Stammbeter, zu dem der Besucher platziert wird.

So knüpft man schnell Kontakt und kommt vielleicht sogar wieder.

Das ist freundlich, aber machen wir uns nichts vor, die Gemeinden machen das, weil sie auf zahlende Mitglieder angewiesen sind. Und die kommen nur, wenn man ihnen Aufmerksamkeit schenkt. Niemand zahlt Geld dafür, schlecht behandelt zu werden.

Obwohl: Wer schon einmal mit dieser bestimmten Fluggesellschaft geflogen ist, weiß, dass diese Aussage nicht immer richtig ist.

Oft denke ich jedenfalls darüber nach, wie das

wohl wäre, wenn sich das auch in Deutschland durchsetzen könnte und man auf »Begrüßer« träfe, die ein wenig so tun, als sei man für einen kleinen Moment eine wichtige Person.

Ganz nah dran war ich vor einigen Wochen.

Schon beim Eintritt in den Vorraum zur Synagoge wurde ich freundlichst begrüßt. Viele Männer gaben mir die Hand, einer wies vorsichtig darauf hin, dass gerade schon Mincha sei und Kabbalat Schabbat jeden Moment starten würde.

In der Vorwoche wurde ich an einem anderen Ort übrigens durch ein »Handy aus!« begrüßt. Das war weniger charmant.

Nach mir kam ein Mann in den Vorraum, der mir schon im Hotel aufgefallen war. Er hatte dort lautstark mit der Frau an der Rezeption diskutiert und mit der kleinen Plastikkarte unter ihrer Nase herumgewedelt. Ich hatte den Eindruck, er trüge das Oberteil eines Frottee-Schlafanzugs unter dem Sakko. Aber er war nur schlecht gekleidet.

Er sah ein wenig so aus, als habe jemand einer großen Gurke ein Jackett übergeworfen. Vielleicht wegen des »Schlafanzugs« hielt man sich bei seiner Begrüßung ein wenig zurück. Da ich ihn aus dem Hotel kannte, nickte ich kurz zu ihm hinüber. Er war immer noch außer sich.

»Haben Sie schon mal versucht, die Plastikkarte in den Schabbesgürtel zu klemmen?«, polterte er.

In der Synagoge waren schon etliche Männer

versammelt und beteten. Dennoch stand der Vorsitzende auf (ich kannte sein Gesicht aus dem Internet), gab mir die Hand und führte mich zu meinem Platz direkt neben ihm.

Das nannte ich gastfreundlich! Service!

Er stand kurz auf, tippte den Vorbeter an, woraufhin der sich umdrehte und herunterstieg, um mir die Hand zu schütteln. Ich war sehr berührt, dass es Synagogen gibt, in denen man zu Fremden derart freundlich ist.

Den Herrn im »Schlafanzug« hatte ich aus den Augen verloren, er saß wohl etwas abseits.

Immer wieder betraten Beter die Synagoge.

Jeder kam zu mir und reichte mir, dem sehr geehrten Schabbes-Gast, die Hand. So etwas hatte ich noch nie erlebt. Ich hoffte, das setzt sich durch.

Nach dem Gebet musste ich erneut alle Hände schütteln und wurde langsam in den Gemeindesaal geschoben. Natürlich durfte ich beim Kiddusch auch beim Vorsitzenden und seiner Familie sitzen. Alle waren sehr freundlich zu mir. Mein Teller wurde gefüllt, noch bevor ich überhaupt saß.

Der Vorsitzende stand auf, legte mir seine Hand väterlich auf die Schulter und sagte:

»Der geschätzte Rabbiner Feldstajn, der sich heute in unserer Gemeinde vorstellt, wird nun die Ehre haben, den Kiddusch zu sprechen.«

Alle Augen blickten auf mich. In diesem Moment dämmerte mir, wer der Herr im »Schlafanzug« war.

Ich lade ein!

Als ich kürzlich mit meinem Sohn zusammensaß, überkam mich das »Ich-umarme-die-Welt-und-dich-gleich-mit«-Gefühl. So etwas hat immer Folgen, selten gute. Obwohl meine Frau genaue Instruktionen dazu hat, wie sie sich zu verhalten hat, wenn das ozeanische Gefühl einsetzt, ließ sie mich gewähren. Vielleicht war sie irgendwie sauer auf mich.

Ich kam nämlich auf die Idee, mal wieder Anna und Jonathan einzuladen. Gleich am nächsten Freitagabend. Kiddusch in kleiner Runde.

»Das wird bestimmt gemütlich, und wir haben die beiden seit mindestens einem Jahr nicht mehr gesehen.«

Ich gehe sofort zum Telefon und rufe sie an. Anna nimmt ab. Sie fragt mich, ob ich auch ihre Schwester Hannah eingeladen hätte. Nein, hatte ich nicht. Das war wohl ein folgenschwerer Fehler.

Ob ich denn nicht wüsste, wie lange sie nicht mehr bei uns gewesen sei, fragte sie mich. Aber dass wir noch kein einziges Mal bei ihnen zu Gast waren, interessierte sie offenbar nicht. Ich musste also Hannah anrufen – gerade weil sie uns noch überhaupt nie eingeladen hatte. Vielleicht würde ja sie uns demnächst auch gern mal bei sich sehen.

Naja.

Dank des Umarmungsgefühls kein Problem.

Also rufe ich Hannah an. Sie weiß zunächst gar nicht mehr, wer ich genau bin, freut sich aber über die Einladung. Ob denn auch der Bruder ihres Mannes kommen würde, fragt sie.

Jochanan hätte uns doch schon seit Ewigkeiten nicht mehr gesehen und überhaupt habe er mir doch damals beim Umzug geholfen.

Dass es nicht mein Umzug war, ließ sie nicht gelten. Wenn Jochanan nicht kommen dürfe, dann würde sie mit ihrem Mann auch nicht kommen. Denn Jochanan würde mit Sicherheit erfahren, dass sie zu uns eingeladen waren und sich fragen, warum nur er nicht kommen durfte. Obwohl er doch beim Umzug geholfen hätte.

Da hing ich schon seit 60 Minuten am Telefon. Na gut, soll Jochanan halt kommen.

Ich wähle seine Nummer und bin froh, dass er nicht abnimmt.

Ich spreche ihm auf die Mailbox. Keine zehn Minuten später ruft er zurück.

Er erzählt mir, er habe die Nummer nicht erkannt und nicht gewusst, wer ihn da anruft. Da gehe er in der Regel nicht dran. Jedenfalls würde er gern kommen, aber seine Tante sei ganz allein zu Hause, und um die müsse er sich kümmern. Er werde sie also mitbringen, sie freut sich schon.

Aus zwei Gästen hatte ich sechs gemacht. Meine Frau würde begeistert sein.

Zehn Minuten später klingelt das Telefon, auf dem Display erscheint eine mir unbekannte Nummer. Neugierig will ich wissen, wer da anruft.

Es ist Jochanans Tante. Sie will wissen, ob Anna und Jonathan auch kommen. Ich bin beruhigt und rufe begeistert: »Ja, natürlich!«

Das sei eine Unverschämtheit, schimpft die Tante. Ich müsse doch wissen, dass Anna eine Katze hat (hat sie?), und immerhin leide sie, die Tante, seit 40 Jahren an einer Katzenhaarallergie, das sei doch jedem bekannt.

Ob ich beabsichtigte, sie umzubringen. Sie würde ihr Allergiespray mitbringen und auch ihre Nichte, die gerade zu Besuch aus der Ukraine gekommen sei. Und damit sich deren Freund nicht allein zurückgelassen fühle, würde sie den ebenfalls mitbringen.

Die Nichte könne aber Hannah nicht leiden, und der Freund ihrer Nichte tränke keinen Alkohol.

Also möge ich doch bitte auch Traubensaft für den Kiddusch besorgen und vor allem zusehen, dass Hannah und die Nichte einander ja nicht gegenübersitzen müssen.

Das brächte nur Ärger.

»Eigentlich habe ich überhaupt keine Lust mehr zu kommen, seitdem ich weiß, dass auch Hannah da sein wird«, sagte sie, »aber, dir zuliebe, Jonathan, werde ich kommen.«

Dass ich gar nicht Jonathan war, beeindruckte sie nicht.

Das war am Donnerstagvormittag.

Am Freitagmorgen überraschte ich meine Frau mit einem Wochenende in Brüssel. Von Freitagnachmittag bis Sonntagabend.

Angst kontrolliert uns!

Von der Urgroßmutter meiner Frau erzählt man sich, sie sei regelmäßig in die Synagoge gegangen. Ja, es waren andere Zeiten damals. Man ist bei jeder Gelegenheit in der Synagoge gewesen.

Aus Angst.

Man hatte Angst, es sich mit G-tt zu verscherzen, oder manchmal mit den Nachbarn. Die waren erstaunt, wenn man nicht ging und fragten nach.

Als die Urgroßmutter ein wenig älter war, ging sie auf gar keinen Fall mehr zur Synagoge und machte einen großen Bogen um das Gebäude.

Aus Angst.

Denn die Kommunisten waren von der Idee regelmäßiger Synagogenbesuche nicht sonderlich begeistert und reagierten beleidigt, wenn sich jemand dennoch auf den Weg zum Beten machte.

Auch die Nachbarn schauten genau hin: Wer Mazzen kaufte, lief Gefahr, dass der Verkäufer es gewissen Beamten weitererzählte. Die schickten Leute, die den Einkäufer auf das Amt einluden.

Dort würden sie sich dann nach Rezepten erkundigen und nachfragen, was man mit Mazzot so alles machen kann.

In einem speziellen Fall wurde sie sogar einmal einbestellt.

Auf dem Flur saßen weitere Mazzot-Käufer. Mehr als ein Minjan. Die Kundenliste stammte übrigens vom Verkäufer der Mazzot.

Der kassierte also doppelt ab.

Heute haben sich die Gründe für oder gegen einen Synagogenbesuch geändert.

Aufgeklärt wie wir sind, haben wir im Allgemeinen keine kindliche Angst vorm Allerhöchsten und eher ein entspanntes Verhältnis miteinander. Hängt vielleicht auch ein wenig davon ab, welcher religiösen Strömung man angehört.

Wir in Westeuropa müssen auch keine Angst vor dem Staat haben. Dem ist es egal, ob wir zur Synagoge, zur Kirche oder zur Moschee gehen – na gut, bei Letzterer kommt es vielleicht auf die Ausrichtung an.

Die Polizei steht heute vor der Synagoge, um sie zu schützen und nicht, um die Besucher zu erfassen.

Jedenfalls wird man nicht einbestellt um zu erklären, warum man letzten Jom Kippur den gesamten Tag in der Synagoge war.

Trotzdem sind die Synagogen nicht zum Bersten voll. Das liegt natürlich an unserem entspannten Verhältnis zur Metaphysik und an den zahlreichen Konkurrenzangeboten am Wochenende.

Warum ich das alles erzähle? Aus Angst.

Bei einem großen Festkiddusch zog mich kürzlich eine ältere Dame zur Seite und teilte mir mit eindrücklichen Worten mit, dass sie jetzt kein Schweinefleisch mehr esse.

»Nu«, sagte ich, »Baruch ha Schem« – was man eben so sagt, wenn einem nichts Besseres einfällt und man nicht weiß, was man mit der überflüssigen Information anfangen solle.

Vor allem, wenn man sein Gegenüber so gut wie gar nicht kennt.

Ich vermeide es tunlichst, die Observanz anderer Leute zu diskutieren. Jedenfalls in den meisten Fällen. Deshalb erzähle ich das nur ganz selten weiter.

Aus Angst.

Denn wenn die Person es herausfindet, könnte es passieren, dass der »große Bruder« mir unter vier Fäusten das Prinzip von *Laschon haRa*, der üblen Nachrede, erklärt. Aber es gibt eben immer Ausnahmen. Und dies hier ist eine.

»Ja«, sagte die Dame, »ich habe Angst.« Da war sie wieder – die Angst. »*Jirat Schamajim*«, antwortete ich leise, was etwa »*Angst vor dem Himmel*« bedeutet.

Die Frau sah mich an, als sei ich im Clownskostüm in der Synagoge erschienen.

»Dummes Zeug! Ich habe Angst vor Dioxin. Im Fernsehen haben sie gesagt, das ist jetzt auch im Schweinefleisch. Finger weg davon!«

Wenn man herumfragt, welches Tier nicht koscher ist, werden die meisten Juden wohl an erster Stelle das Schwein nennen.

Auch wenn Hummerkrabben und Maulwürfe in gleichem Maße nicht koscher sind, so symbolisiert doch das Schwein geradezu das Wort »trefje«. Also »nicht-koscher«.

Die ursprünglichen Quelle für diese Ablehnung ist ohne Zweifel die Torah. In dieser werden die grundlegenden Regeln der Kaschrut gelehrt. Dort heißt es:

„Was unter den vierfüßigen Tieren geteilte Klauen hat, wovon nämlich die Klauen ganz durchgespalten sind, und was wiederkäuend ist, das dürft ihr essen" (3. Buch Moses 11,3).

Im Anschluss an diesen Vers werden einige Tiere genannt, die diese Kriterien nicht erfüllen. Das Schwein ist als letztes Tier genannt: „Schließlich auch nicht das Schwein, denn es hat zwar geteilte Klauen, und seine Klauen sind durchgespalten, es käut aber nicht wieder. Dieses soll euch unrein sein" (11,7).

In den Beispielen dieses Abschnitts werden aber auch Kamel und Hase als Tiere genannt, die nicht zum Verzehr zur Verfügung stehen. Und dennoch ist die Ablehnung dem Schwein gegenüber die größte; wenngleich nicht in demselben Maße wie früher.

Bei genauerer Betrachtung der Anforderungen an

ein koscheres Tier und dem Abgleich der Merkmale in Bezug auf das Schwein, kommen wir zu einem bemerkenswerten Ergebnis: Ein koscheres Säugetier soll gespaltene Hufe haben und ein Wiederkäuer sein. Das Schwein erfüllt, im Gegensatz zu anderen Tieren wie dem Pferd, lediglich eine Anforderung nicht! Es hat gespaltene Hufe, aber es käut nicht wieder. Dies scheint also nicht die besondere Stellung des Schweins als Inbegriff des Treifenen zu rechtfertigen.

Verschiedene kritische Kommentatoren und Personen, die eine Ausrede suchten, warum sie sich nicht an die Kaschrut halten, liefern gerne das Argument, die Menschen früher hätten bemerkt, dass der Verzehr von altem Schweinefleisch in der Hitze bestimmte Krankheiten begünstige. Das ist hygienetechnisch nicht von der Hand zu weisen, zugleich kann aber dieses Argument auf die Tora nicht zutreffen. Es ist und war offenkundig, dass der Verzehr von schlechtem Fleisch krank machen kann. Für offensichtlich ungesunde Aktivitäten und Handlungen gibt die Tora aber sonst keine Vorschriften. Kein Gesetz muss es verbieten, vergammeltes Fleisch zu verzehren. Oder anders gesagt: die wenigsten Menschen kommen auf die Idee, so etwas zu essen. Das kann also nicht der Grund für die Abscheu diesem Tier gegenüber sein.

Möglicherweise ist die Abscheu historisch begründet. Während der Herrschaft der Seleukiden unter Antiochus IV. wollte man die Menschen dazu zwingen, Schweinefleisch zu essen und schlachtete sogar auf dem Altar im Jerusalemer Tempel Schweine. Dies sollte öffentlich die

Abwendung vom Judentum dokumentieren.

In dieser Zeit zogen es einige Menschen vor, lieber den Märtyrertod zu sterben. So wird im Buch der Makkabäer von einem Mann namens Eleazar erzählt, der in der Öffentlichkeit Schweinefleisch essen sollte. Er weigerte sich und verwahrte sich sogar dagegen, nur so zu tun, als würde er es zu sich nehmen. Für diese Weigerung musste Eleazar sterben.

Denkbar wäre auch, dass es die Verbindung zwischen religiöser und historischer Bedeutung ist, die das Schwein derartig unter den unkoscheren Tieren hervorhebt.

Oder ist es Feuerbachs viel zitiertes Wort »Du bist, was du isst«?

Damit ist nicht gemeint, dass man sich beschmutzt, wenn man Fleisch eines vermeintlich dreckigen Tieres verspeist, sondern vielmehr eine spirituelle Dimension der Vorgabe, man dürfe nur Tiere mit gespaltenen Hufen verzehren, welche zugleich auch wiederkäuen.

Die gespaltenen Hufe symbolisieren die Dualität, mit der wir auf dieser Welt existieren und in der die Welt existiert: Land – Wasser, Licht – Dunkelheit, Jakob – Esaw, die Menschheit – G'tt, Heilig – Unheilig, und so mancher würde wohl hinzufügen liberal – orthodox.

Mit unseren Beinen stehen wir in dieser Welt, doch was fehlt, ist die vernünftige Verarbeitung des Wissens über diese Welt, die beständige Reflektion dessen, was wir wissen. Erst das beständige Wiederkäuen macht uns vollständig.

Der chassidische Rabbiner Meir ben Jaakow aus Premischlan (1703-1773) erklärte die Besonderheit des Schweins und die Lehre daraus auf eine völlig andere Weise. Er erzählte dazu eine Geschichte: An einem Schabbat lud Rabbi Meir einen Gast zu sich ein. Dieser Gast war häufiger in der Stadt und kannte bereits einige Gemeindemitglieder. Während des Abendessens bemerkte Rabbiner Meir, dass sein Gast offenkundig sehr hungrig war; dabei wusste er von seinem Gast, dass er zuvor schon bei einem anderen Gemeindemitglied zum Essen geladen war. Zudem bei einem Gemeindemitglied, von dem es hieß, es sei recht wohlhabend. Warum also hatte der Mann seinen vorherigen Gastgeber hungrig verlassen? Nach einigen Malen erfuhr Rabbiner Meir den Grund: Der Gastgeber tischte für seinen Gast nur üppige und gute Mahlzeiten auf. Der Gast aber wollte seinem Gastgeber gegenüber nicht gefräßig erscheinen. Denn der aß so wenig, dass es dem Gast peinlich war, sich ordentlich zu bedienen. Obwohl also der Gastgeber aufgetischt hatte, verließ sein Gast das Haus hungrig und schämte sich.

Rabbiner Meir verstand diese Geschichte als Bild für die Vorschriften in unserem Wochenabschnitt. Der Gastgeber, der die Mizwa der Gastfreundschaft erfüllt, gleicht darin dem Schwein aus dem Wochenabschnitt. Es sieht mit seinen gespaltenen Hufen aus wie ein koscheres Tier, aber es ist kein Wiederkäuer – was man zunächst ja nicht sehen kann. Rabbiner Meir zog daraus den Schluss, dass ein Jude sich nicht wie der Gastgeber verhalten sollte. Wie das Schwein nicht koscher ist, weil es nicht wiederkäut, so ist die konkrete Mizwa hier nicht vollkommen erfüllt, weil die Gabe nicht aus vollem Herzen kam und denjenigen beschämte, der sie erhalten hatte.

Der Fassade nach ist alles koscher und vollkommen in Ordnung, was sich hinter der Fassade findet, ist es nicht. Dies ist einer der Gründe, warum die Tora das Schwein speziell nennt und warum seine negative Popularität so groß ist. Es sieht koscher aus, ist es aber nicht.

Eine Mahnung an den Leser und Hörer der Tora, die Dinge nicht nur nach ihrem äußeren Anschein zu beurteilen. Auf der anderen Seite aber auch, Unkoscheres mit einem koscheren Etikett zu versehen beziehungsweise schlechten Taten das Deckmäntelchen der Heiligkeit überzuwerfen. Es geht also nicht nur um Nahrung!

Telefon!

Es ist still geworden in der Synagoge, Zeit für das leise *Schmone Essre*.

Es ist die Art von Stille, die Selbstdarsteller gerne nutzen, um mit besonderer Inbrunst ein paar laute Zeilen aus dem Siddur in den Raum zu rufen.

Genau in diesem Moment passiert was?

Genau!

Es klingelt ein Handy.

Besonders großartig ist es, wenn die angerufene Person das Gespräch annimmt.

»Spinnst du? Ich bin in der Synagoge!«,

oder

»Ich kann nicht laut sprechen, die anderen hören zu«.

Oder mein Favorit:

»Keine Ahnung, wie lange das hier noch dauert«.

Manche halten sich das Gerät auch nur ans Ohr und verlassen die Synagoge, um draußen zu telefonieren.

Da drängt sich die Frage auf, wie es war, bevor es Mobiltelefone gab? Man hört heute weitaus mehr Telefone als weinende Babys.

Haben die kleinen Geräte die kleinen Schreihälse abgelöst? Die raschelnden Zeitungen haben sie auf jeden Fall verdrängt.

Wenn an den Hohen Feiertagen einige Beter strahlende Gesichter haben und das innere Strahlen scheinbar einen Glanz auf das Gesicht zaubert, kann es heute nämlich sein, dass da nur jemand auf seinem Smartphone Spiegel-Online liest oder seine E-Mails und dass die Bildschirmbeleuchtung auf das Gesicht abstrahlt, wenn die Beter sich nach vorne beugen, um besser lesen zu können.

Längst haben alle so ein Telefon. Die Chancen für eine Veränderung der Situation stehen schlecht. Viele – wie mich zum Beispiel – kann man am Schabbat auch nicht einfach auffordern, das Telefon auszuschalten.

Das wäre gegen die Vorschriften. Es macht doch keinen Unterschied, ob man das elektronische Gerät selber ein- oder ausschaltet oder jemanden dazu auffordert.

Einziger Ausweg wäre, alle Gemeindemitglieder zu überzeugen, *Schomer Schabbat* zu werden. Dann fasst ohnehin niemand mehr die Geräte an.

Was ist also eine bessere Investition?

Handy-Blocker für die Gemeinderäume oder flächendeckende religiöse Überzeugungsarbeit?

Doch zurück zur Situation. Es ist still. Plötzlich klingelt ein Handy. Der Klingelton nervt. Irgendwie kommt er mir bekannt vor.

Sch... ...ande, ist das etwa mein Telefon?

Mit Sicherheit. Der Klingelton nervt und ist selten. Außerdem vibriert mein Tallitbeutel.

Wie peinlich!

Was soll ich machen?

Da fällt mir der Tipp eines alten Freundes ein: Man dreht sich einfach zu einer beliebigen Person im Umkreis um und schüttelt den Kopf.

Gespielte Missbilligung, um den Verdacht von sich selbst auf andere zu lenken. Ich drehe mich also zu einem älteren Herrn um und sehe ihn verärgert an.

Es funktioniert!

Betreten senkt er den Kopf.

Nicht immer läuft es so gut.

Manche kennen den Trick. Die müssen sich dann schnell zu einem anderen umdrehen und den Kopf schütteln. Normalerweise ist es dann auch schon vorbei, das Klingeln.

Es sei denn, der Anrufer ist hartnäckig.

Wirklich sicher ist aber nur das Abschalten des Geräts.

Oder die Veränderung des Klingeltons. Die Melodie »Weinendes Baby« wäre die optimale Lösung. Lenkt prima von der eigenen Person ab.

»Haben Sie was gegen Kinder? Babygeschrei ist doch Zukunftsmusik!«

Die Überallfrau

Mein Freund Grischa fühlte sich verfolgt.

Er rief mich sogar an – was sehr ungewöhnlich ist. Denn meistens schreibt er irgendwelche Belanglosigkeiten per Mail oder SMS.

Ob ich es auch schon bemerkt hätte, fragte er mich. Ob man schon darüber spricht? Immerhin hätte er Familie. Er in seiner Position könne sich keine Fehltritte leisten. Wenn das jetzt herauskommt?

Was solle er nur tun?

Ich hatte keinen blassen Schimmer, worüber er redete.

»Was ist passiert? In welches Dilemma hast du dich dieses Mal gebracht?«, wollte ich wissen.

Er fragte mich: »Kennst du diese große blonde Frau aus der Synagoge?

Die immer Rollkragen trägt?«

Ich wusste, wen er meinte.

»Diese Rachel?« Nicht, dass sie mir irgendwie besonders aufgefallen wäre, aber ich erinnerte mich an ihren Namen.

»Was ist mit Rachel?«

»Das würde ich auch gern wissen!«, rief Grischa

durchs Telefon. »Egal wo ich hingehe, sie kommt auch dazu oder ist schon da. Selbst bei diesem langweiligen Vortrag über die Flora im Talmud, der auf 14 Abende angelegt war. Meistens kommt sie herein und winkt mir zu oder lächelt mich an, sobald ich mich umdrehe und sie sehe.«

Mittlerweile hat Grischa eine regelrechte Paranoia entwickelt. Er setzt sich auf Plätze, die man nicht so gut sehen kann. Manchmal hockt er hinter einer Säule.

»Ich kann gar nicht mehr unbefangen aus dem Haus gehen«, sagt er gehetzt.

»Stell dir mal vor, das bemerkt jemand aus der Gemeinde! Wenn sich das Klatsch-Karussell anfängt zu drehen, dann bin ich im Handumdrehen der Junge, der vom Holzpferd gestoßen wird.« Kalter Schweiß stand auf seiner Stirn.

Was sollte man dazu sagen? Also antworte ich, Rachel weiß bestimmt, dass Grischa Familie hat und alles gut, ja bestens läuft. Ich habe ihm davon abgeraten, sie vor versammelter Gemeinde zur Rede zu stellen. Das hätte sicher einen gegenteiligen Effekt.

Eine Woche nach dem Gespräch sehe ich die besessene Rachel in der Synagoge.

Grischa ist nicht da. Es gelingt mir, ihr auszuweichen. Aber später, beim Kiddusch, steuert sie mich gezielt an.

Mein Rachen wird trocken.

Doch bevor ich mich auf die Toilette retten kann, baut sie sich vor mir auf.

Meine Güte, ist die groß!

»Wo ist dein Freund Grischa?«, fragt sie, die Arme vor der Brust verschränkt.

Ich schaue mich um, bis zum Ausgang ist es jetzt zu weit. Ich müsste sie schon umrempeln, um mich aus der Situation zu befreien. Dann denke ich, dass Grischa ausnahmsweise einmal doch richtig liegt: Sie verfolgt ihn.

»Grischa ist doch sonst überall, wo ich bin.« Manchmal würde er sich sogar hinter Säulen verstecken, damit er sie beobachten könne, ohne gesehen zu werden.

»Ständig sucht er nach mir. Überall. Immer kreist sein Blick durch den Raum, sogar in den seltsamsten Kursen stellt er mir nach. Hat dein Freund vielleicht ein Stalking-Problem?«

Sie könne zu keiner jüdischen Veranstaltung mehr gehen, ohne ihn zu treffen. Er solle mal an seine Familie denken.

Was soll man da sagen?

Bei einer überschaubaren Anzahl von Juden ja wohl eine Frage der Zeit, dass man sich über den Weg läuft, oder? Das funktioniert wunderbar, solange nicht zwei Kandidaten aufeinandertreffen, die ein Ego-Problem haben. Nach Schabbes habe ich Grischa angerufen und ihm geraten, sich vielleicht mehr im orthodoxen Bereich zu engagieren. Da bleiben Männer häufiger unter sich.

Die Besucher

Wir hatten uns für Freitagnachmittag verabredet.

Ich sollte bei Menachem vorbeischauen und ihn abholen. Unser Plan war, gemeinsam zur Synagoge zu gehen, und dabei würde mich Menachem auf den neuesten Stand bringen:

Wen darf man nicht auf welches Thema ansprechen? Wer spricht nicht mehr mit wem?

Oder bei wem habe ich selbst gerade schlechte Karten?

Außerdem konnte ich mein Auto bei ihm in die Tiefgarage stellen. So sieht es aus, als sei ich den gesamten Weg zur Synagoge gelaufen. Den Parkplatz um die Ecke kennen schon zu viele andere Beter. Die parken da auch heimlich.

Menachem sagt, er könnte noch in Ruhe zu Hause das Minchagebet erledigen und mir einen winzigen Kaffee machen. Leider nimmt er es wörtlich: kleine Tassen, und es wird nie nachgeschenkt – also wie beim Kiddusch.

Er wäre dann vollkommen entspannt, meinte er, und wir hätten viel Zeit für den ruhigen Austausch. Aber als ich bei ihm eintraf und er die Tür öffnete, war er vollkommen durchgeschwitzt. Was war passiert?

Bereitet er sich auf die Meisterschaften im Speed-Davenen vor?

Kurzer Statusbericht: Schon vor Stunden wollte er das kurze Gebet machen. Kaum hatte er sich bereitgemacht, hätte es an der Tür klingelt.

Vor der Tür standen ein junger Mann und eine junge Frau. Menachem war überrascht. Ein neues orthodoxes Paar in der Stadt!

Sie trug einen knöchellangen dunkelblauen Rock und hatte sittsam die Arme bedeckt.

Er hatte einen schwarzen Anzug an. Sehr, sehr, sehr ordentlich die beiden. Menachem meinte, das hätte er als Zeichen gesehen. Dafür, dass es doch Hoffnung für die jüdische Jugend hierzulande gäbe.

Also hat er die beiden schnell in die Wohnung gezogen.

»Hereinspaziert. Bruchim Habaim! Herzlich Willkommen!«

Er erzählte ihnen, wie das ist, wenn man religiös ist und neu in der Stadt unter all den anderen, denen alles egal ist. Endlich vernünftige Leute. Man hatte ihnen die richtige Adresse genannt. Bei Menachem wären sie genau richtig.

Aber, halt! Irgendetwas stimmte nicht. Der Mann trug ja gar keine Kippa?! Er musste sie im Hausflur verloren haben. Da fiel Menachems Blick auf ein Namensschildchen, dass der Bursche trug: »Elder Yacobovitz«. Elder ist doch kein jüdischer

Name.

Über dem Namen stand »Kirche Jesu Christi der Heiligen der letzten Tage«.

Mormonen also.

Sicher waren die Vorfahren von Elder Yacobovitz nicht unbedingt auch Mormonen.

Menachem kombinierte recht schnell, dass da wieder jemand über das Internet Besuch für ihn geordert hatte.

Jetzt begannen seine Besucher ihrerseits mit dem Gespräch:

»Wollen Sie mit uns über Gott sprechen?« – »Ne, Danke, ich wollte gerade mit Gott sprechen. Das spart Ihnen und mir viel Zeit.«

Das darauf folgende Gespräch war wohl dann doch etwas länger. Und weil sie schon in der Wohnung standen, konnte Menachem auch nicht einfach die Tür ins Schloss fallen lassen.

»Und wie ist es ausgegangen?«, wollte ich wissen.

»Nun, ich habe Elder Yacobovitz die Telefonnummer vom Chabad-Rabbiner aufgeschrieben. Ich denke, bestimmt kommt Yacobovitz nächste Woche dann mit uns in die Synagoge und spendiert den Kiddusch.«

Dieser Artikel bewies, dass das Medien-Monitoring der »Kirche Jesu Christi der Heiligen der letzten Tage« hervorragend funktioniert. Der Pressesprecher der Kirche meldete sich am Erscheinungstag, zeigte Humor,

legte aber Wert auf die Feststellung, dass die Missiona-
re der Kirche niemals als Paar unterwegs sind, sondern
jeweils zwei Männer oder zwei Frauen. Für die Dra-
maturgie der Begebenheit hier, machte ein Paar jedoch
etwas mehr her, als zwei Männer. Ich unterstelle nicht,
dass die Missionare der Kirche so »orthodox« sind.

Knock out

Wann beginnen die Urlaubsvorbereitungen? Mit der Buchung der Reise, beim Kofferpacken oder wenn man, erschöpft von den Vorbereitungen, endlich in Auto, Bahn oder Flugzeug sitzt?

Tatsächlich gilt auch hier die alte Fußballregel »Vor dem Spiel ist nach dem Spiel«.

Das heißt, die Vorbereitungen sind auch dann nicht zu Ende, wenn der Urlaub vorbei ist und man zu Hause wieder in die Stammsynagoge geht. Denn nun werden die Weichen für den nächsten Urlaub gestellt.

Die harmlose Frage beim Kiddusch, wie der Urlaub gewesen sei, zielt natürlich nicht darauf ab, Sorge um das Wohl des Befragten auszuräumen. Sie zielt vielmehr darauf ab, zu erfragen, wo man war, was man sich dort leisten konnte, ob man vielleicht nicht doch etwa einen besseren Urlaub hatte als der Fragesteller.

Man kann dem Aushorcher eine Floskel hinwerfen wie: »Ach ja, der Urlaub ist doch immer zu kurz« oder »Das Wetter spielt leider überall verrückt«. Ganz falsch ist es, den Urlaub in blumigen Farben zu schildern.

Als ich noch etwas jünger und naiver war, habe ich das so gemacht. Das ist vor allem eines: unglaubwürdig. Niemand nimmt mir ab, dass ich jeden Tag mehrere Stunden Jetboot gefahren bin oder das Hotel einen Privatstrand hatte.

»Das können die sich doch gar nicht leisten« oder

»Der hat seine Bräune doch aus dem Stadtpark«, wird da hinter dem Rücken getuschelt. Niemand, der die Kunst der gepflegten Kiddusch-Tisch-Konversation mit der Muttermilch aufgesogen hat, gibt sich mit einer Floskel zufrieden, die so schäbig ist wie die Sonnenliegen am seeigelgepflasterten Privatstrand.

Wenn einem die investigativen Fragen um die Ohren fliegen wie die Fäuste der Klitschko-Brüder bei einem Boxkampf, dann wird man schon einmal weich und verrät kleine Details. Einige davon können dazu dienlich sein, den Aufenthaltsort zu knacken. Das ist schlecht, denn das könnte Rückschlüsse auf das ausgegebene Geld zuzulassen, oder noch schlimmer, als Tipp missverstanden werden, und im Folgejahr fährt der Fragende auch dorthin und beruft sich auf mich, wenn es nicht schön genug war. Die absolute Katastrophe aber ist es, wenn man dann mit dem Gesprächspartner zur gleichen Zeit am gleichen Ort ist. Aber so kam es.

Bevor ich noch zu meiner Frau sagen konnte: »Schau mal, der Mann sieht aus wie Herr Banay«, entschied sie sich dafür, dass Angriff die beste Verteidigung ist.

»Bist du das etwa, Baruch? Muss man erst drei Stunden fliegen, um euch mal zu Gesicht zu bekommen?«

Aber wir hatten die Rechnung ohne Banay gemacht. Er kennt sich im Ring aus. Er ist wie Wladimir Klitschko, selbstgewiss und siegessicher. Wir hatten nicht damit gerechnet, gleich in der ersten Runde einen Wirkungstreffer verpasst zu bekommen.

Seinen Gesichtsausdruck konnte ich nicht genau deuten:

»Ach, ihr seid es tatsächlich! Alisa meinte: Schau, das sind sie doch. Sie haben uns doch diesen Platz empfohlen. Und ich sagte, es könne unmöglich sein, dass die Guskis zweimal an denselben Ort fahren. Das sind doch kultivierte Leute.«

Doch das war nur die Vorarbeit.

»Und sie sagte, wahrscheinlich hätte ich recht. Sie würde uns bereits eine ganze Weile beobachten. Aber wir hätten meine Schwiegermutter gar nicht dabei. Das könne doch gar nicht sein, dass wir sie zur besten Jahreszeit zu Hause lassen. Ihr seid doch sonst so fürsorgliche Kinder.«

Knock-out in weniger als 20 Sekunden.

Urlaub – Schmurlaub

Wie es war, wollte meine Frau wissen, als ich aus der Synagoge nach Hause kam. »Dieser eingebildete Grynman!«, schimpfte ich.

Dabei war alles akribisch vorbereitet. Ich hatte die Fotos so im Siddur platziert, dass sie beim Tischgebet herausfallen mussten. Darauf waren meine Frau und unsere beiden Kinder vor einem malerischen Hintergrund zu sehen: weißer Sand an einem menschenleeren Strand.

Die Bildkomposition war kein Zufall, sondern das Ergebnis härtester Arbeit!

Gleich am Tag nach unserer Ankunft besorgte ich einen Mietwagen, und wir fuhren die Küste hinunter. Denn dort, wo wir wohnten, war der Strand dicht gesäumt von grauen Hotelbauten und zugepflastert mit Sonnenschirmen. Deren Nutzung kostete mehr als der Billigflug aus dem Internet.

Der Tipp, die Fotos gleich am zweiten Tag zu machen, kam von Freunden aus Brooklyn. Die fliegen immer nach Mexiko und machen alle relevanten Fotos in den ersten drei Tagen. Den Rest der Zeit kämpfen sie dann immer mit einem Magen-Darm-Virus.

Diesen »Freunden« hatte ich den ganzen Aufwand zu verdanken. Als meine Frau deren Strandfotos sah, sagte sie, bisher hätten ihr unsere Reisen immer gefallen, aber jetzt habe sie gesehen, dass ein Urlaub viel malerischer sein kann. Damit war die Zeit der Zufriedenheit in unserer Familie ein für alle Mal vorbei. Hätte sie nicht auch einen solchen Urlaub verdient, fragte meine Frau vorwurfsvoll. Wofür würden wir uns das ganze Jahr über abmühen?

Auch die Bilder des neuen Hauses in Brooklyn seien fantastisch. Dabei hätte ich immer behauptet, Brooklyn sei wie das Ruhrgebiet, nur mit mehr Synagogen. Den Fotos nach zu urteilen, sei es da aber viel, viel schöner!

Es habe oberste Priorität, dass die Familie in einem guten Umfeld lebe. Wenigstens das könne man ja wohl von mir verlangen. Ich sollte schleunigst etwas ändern.

Ich rief also in Brooklyn an und fragte die Freunde, wie sie das hinbekommen. Am Telefon klärte sich das rasch auf, und so war ich im Bilde, wie die Familien-PR funktionierte.

Der Anruf in Brooklyn waren gut investierte 15 Cent.

Wir fuhren also im Urlaub drei Stunden im Mietwagen Ortsauswärts, bis die Hotelzone langsam dünner wurde und wir in eine Gegend kamen, die man als unberührt bezeichnen konnte. Na ja, vielleicht waren es auch fünf Stunden. Die Küstenstraße war jedenfalls sehr lang. Irgendwann fanden wir ein fotogenes Plätzchen.

Ins Wasser konnten wir nicht – dafür wäre auch gar keine Zeit gewesen –, aber meine Frau hat das Schild mit dem Totenkopf geschickt mit ihrem Kopf verdeckt, sodass es auf den Fotos nicht zu sehen ist. Wer die Bilder betrachtet, sieht, dass wir wieder einen Traumurlaub hatten. Wunderschön! Spät in der Nacht, als die anderen Gäste längst schliefen, kamen wir ins Hotel zurück.

Und Grynman? Wie zufällig fielen während des Kidduschs meine Fotos auf den Tisch.

»Ach schau, unsere Urlaubsbilder«,

sagte ich beiläufig und schob sie ihm lässig hin. Er warf einen flüchtigen Blick darauf und grinste.

»Wie viele Stunden musstet ihr vom Hotel bis dorthin fahren?«, fragte er und kniff ein Auge zu. »Ich kenne den Trick«, sagte er, »von meiner Schwester aus Brooklyn.«

Wein im Bungalowpark

Ferienbungalowparks!

Wohnen wie zuhause! Ein wenig beengt, die Nachbarn direkt um die Ecke. Trotzdem sind sie perfekt, wenn man für ein paar Tage oder eine Woche eine kleine Auszeit nehmen möchte.

Weil es zuhause kein Spaßbad und keinen Tennisplatz gibt. Wir nutzen diese Möglichkeit, so oft es geht. Man packt die Sachen zusammen und fährt los, zum Beispiel in die Niederlande.

Manchmal fahren wir auch über den Schabbat dorthin. Außerhalb der gewohnten Umgebung ist das immer wieder ein großes Abenteuer. Vor allem, weil man eben nicht immer alles mitnehmen kann. Zum einen passt nicht alles ins Auto, zum anderen, weil irgendetwas immer zu Hause vergessen wird. In der Regel ist es der Wein zum Kiddusch. Weil ich mich besonders darauf konzentrieren will, ihn nicht zu vergessen, stelle ich ihn meist an eine ganz besonders exponierte Stelle. Und weil er eben nicht neben dem restlichen Gepäck steht, wird er vergessen. Manchmal stellt mein Sohn ihn auch zurück in den Schrank. »Warum steht der Wein auf der Treppe? Ich räume ihn mal schnell weg«, denkt er sich, und so schauen wir meistens in die Röhre. Jedes Mal plane ich, eine kleine Flasche zur Sicherheit im Auto zu verstauen, aber wenn ich die auf dem Parkplatz vergesse, wird der Wein im Sommer mehrmals gekocht.

Normalerweise sagt man dann Kiddusch nur über das Brot, aber mittlerweile haben wir schon einen Segensspruch über Ananas-, Apfel- und Orangensaft gemacht und auch mit Eistee und Wodka gearbeitet. Gern nehmen wir auch die Mazzenreste mit, denn die Wohnung müssen wir zum Ende des Urlaubs nicht selbst saugen, und die Krümel liegen nachher tatsächlich überall herum.

Der Blick auf einen großen See, an dessen Ufer die Panoramafenster der anderen Häuser leuchten, entschädigt dann aber für die Mühe am Freitagabend. Meist lassen wir die Vorhänge geöffnet, damit wir die Aussicht genießen können.

Das bedeutet leider aber auch, dass Spaziergänger am See oder die Nachbarn uns sehen können. Drinnen hell, außen etwas dunkler – besser als Fernsehen, jedenfalls wenn wir draußen sitzen und den Panoramablick in die anderen Bungalows genießen.

Bei unserem letzten Kiddusch ohne Wein entdeckte mein Sohn irgendwann zwei kleine Hände im unteren Teil der Glastür. Ein kleiner Junge klebte an der Scheibe und starrte hindurch. Als er bemerke, dass wir ihn bemerkten, verschwanden die Hände. Kurz darauf kehrten sie zurück. Hinter dem Jungen stand nun ein etwas größeres Mädchen. Wir standen auf dem Präsentierteller und sahen aus wie die gestellten Bilder in den Broschüren von Chabad:

Vater, Mutter und Kinder beim Kerzenzünden.

Soweit ich erkennen konnte, hatten beide Kinder dunkle Haare und entsprachen nicht meinem Bild eines niederländischen Urlaubers.

Vielleicht sollte ich nachschauen, wer da durch die Tür starrt. Immerhin hatten wir keine Lust auf ein Urlaubspogrom. Der Junge lief wieder weg, das Mädchen blieb hinter einem Baum stehen und meinte, wir würden nicht sehen, wie sie uns beobachtet. Also öffnete ich die Schiebetür und trat nach draußen. Da lief sie schnell zurück zum Nachbarhaus.

Dort saß ein ganzer Pulk Erwachsener. Von ihrem Äußerem her hätte ich sie dem Maghreb zugeordnet. Vor ihnen stand der kleine Junge und erstatte atemlos Bericht.

Auf Hebräisch!

»Im Haus nebenan, das habe ich gesehen, da sind Religiöse drin. Die sagen Kiddusch über gelben Wein.«

Seitdem machten die Kinder einen großen Bogen um uns. Die Eltern fürchteten wohl unseren schlechten Einfluss.

Geschäfte mit koscherem Klopapier

Zu diesem Kiddusch in der kleinen, sehr observanten Gemeinde kam nur das Allerfeinste auf den Tisch.

Mein Bekannter Mark übernahm die Kosten. Vor knapp zehn Jahren hatte er in die Gemeinde eingeheiratet und schnell erkannt, wo es langging. So wurde die Gemeinde rasch zu einem Pfeiler seines Reichtums.

Freilich hatte mir Mark nicht selbst verraten, wie er das angestellt hatte, sondern es wurde mir zugetragen. Man sagte mir, Mark habe investiert. In 10.000 Rollen Toilettenpapier.

Bei einem Besuch in Israel hatte er erlebt, dass das Papier im Hotel knapp war. Und weil es ihm peinlich war, an der Rezeption ständig nach neuem zu betteln, ging er in den Supermarkt und kaufte sich welches.

Weil bald Pessach war, sah er, dass überall Schilder aufgeklebt waren, auf denen »Koscher für Pessach« stand.

Da kam ihm die zündende Idee. Er kaufte eine Packung Toilettenpapier und ging damit in seine Jeschiwa zu Rabbi Mizrachi.

»Rabbi, ist das Papier denn auch koscher?«

Der lachte.

»Das will ich schwer hoffen. Außerdem isst man es ja auch nur in den seltensten Fällen«, fügte er schmunzelnd hinzu.

»Und was ist mit Pessach? Wie sieht es da aus?«

Der Rabbi war überrascht.

»An Pessach kann man das genauso benutzen wie an allen anderen Tagen.«

Mark war begeistert.

»Können Sie es mir schriftlich geben, dass das Papier koscher ist, auch für Pessach?«

Der Rabbi zögerte, willigte dann aber ein und schrieb formlos auf einen Zettel, dass das Papier koscher sei und seine Benutzung an Pessach unbedenklich.

Mit dem Zettel in der Tasche kaufte Mark 10 000 Rollen davon und ließ sie in seine Heimat liefern. Dort lagerte er sie ein Jahr lang ein. Kurz vor Pessach wandte er sich an den Rabbiner seiner Gemeinde.

Er habe gehört, es gäbe da ein neues Verfahren zur Einsparung von Energie und Wasser bei der Herstellung von Toilettenpapier. Dabei würde ein

Gärungsprozess unter Einwirkung von Hefepilzen stattfinden. Er habe das Verfahren nicht verstanden, aber sei es nicht problematisch angesichts des Gebots, nichts Gesäuertes im Hause zu haben?

Natürlich fragte er das beim Kiddusch am vollbesetzten Tisch. Schnell steckten die anderen Beter die Köpfe zusammen. Der Rabbi wusste nichts von dem neuen Verfahren und war verunsichert. Gewiss müsse man auf Nummer sicher gehen, sagte er. Aber es sei schwer, sich so kurz vor Pessach eingehend zu informieren.

Am Sonntag, noch bevor der Rabbi zum Telefonhörer greifen konnte, um sich kundig zu machen, präsentierte Mark der verunsicherten Gemeinde bereits sein Papier mitsamt der Unbedenklichkeitsbescheinigung von Rabbiner Mizrachi.

Es dauerte keine zwei Tage, da hatte er seinen Bestand verkauft – für fünf Euro die Rolle.

Der Einkaufspreis hatte bei etwa 25 Cent gelegen. Ein satter Gewinn also. Mark musste sogar nachordern für andere Gemeinden. Leider ist der Trick nicht wiederholbar, denn eine Woche später stand er in der Zeitung.

Zeit- und Fahrplan

Man sieht sie in einigen Regionen eher selten, aber manchmal stolpert man geradezu darüber. Sie hängt da, wird regelmäßig aktualisiert, und man sorgt dafür, dass sie uns den Tag einteilt. Die Rede ist von einer Tafel mit den halachischen Zeiten, den Zmanim.

Der Rabbiner einer Gemeinde, in der ich kürzlich zu Gast war, streicht zärtlich über den Aushang und erläutert mir die Zeiten einzeln und tut so, als hätte ich überhaupt keine Ahnung von gar nichts.

»Diese Liste bedeutet den Leuten hier sehr viel«, sagt er und strahlt. Ich kannte einige von ihnen und konnte mir gerade noch verkneifen zu antworten:

»Genau, und wir trennen den Müll: milchig und fleischig.«

Der Rabbi hatte ein Faible für diese Zeiten, aber keines für mich. Denn eigentlich waren wir verabredet, um uns vor dem Abendgebet zum Schabbateingang noch ein wenig zu unterhalten. Deshalb hatte ich genug Zeit, mir die Tafeln in Ruhe anzuschauen. Als der Rabbi endlich erschien, war bereits mehr als eine halbe Stunde vergangen. Ohne ein Wort über sein Zuspätkommen zu verlieren, begann er sogleich, mir die halachischen Zeiten zu erläutern.

»Haben Sie überhaupt schon mal eine Tafel mit den Zmanim für eine Stadt gesehen?«, fragte er mich. Bevor ich etwas sagen konnte, redete er weiter:

»Wissen Sie, wie viele Zeiten auf der Tafel stehen?« Und damit ich ja nicht zu Wort käme, gab er die Antworten gleich selbst.

»Früheste Zeit für den Tallit und die Tefillin, eine Zeit, um das Schma Jisrael spätestens zu sagen, eine früheste Zeit für Mincha, die Zeit, zu der man drei Sterne sehen kann, zumindest theoretisch, und dann, ab wann man frühestens das Maariw sprechen darf.« Und so weiter und so weiter.

Wenn das irgendwo für einen gesamten Monat gezeigt wird, dann ist das durchaus beeindruckend.

Es sieht ein wenig so aus wie der U-Bahn-Fahrplan in einer sehr großen Stadt. Und eigentlich ist es ja auch eine Art Fahrplan. Denn der Schabbat beginnt immer pünktlich. Genau in dieser Hinsicht ist er uns allen ein großes Stück voraus. Wenn das Gebet am Schabbat um 9.30 Uhr beginnen soll, dann hat sich nicht einmal die Hälfte der Leute eingefunden, die normalerweise kommen. Wenn wir Gäste einladen, dann ist vollkommen klar, dass sie viel zu früh auftauchen oder viel zu spät.

Natürlich weiß man das mittlerweile und kalkuliert es mit ein. Wenn wir jemanden einladen, dann selten zur tatsächlichen Zeit, sondern meist eine halbe Stunde früher. Dann sind die Gäste zur gewünschten Zeit da.

Als ich mit meiner Frau noch nicht verheiratet war und wir uns oft verabredeten, ging mir die Formulierung

»Ach was, ich bin auch gerade erst angekommen« in Fleisch und Blut über. Was hätte ich sagen sollen?

Vielleicht »Nein, ich bin viel zu früh losgefahren, und du bist viel zu spät gekommen?« oder »Ich stehe gern hier herum und schaue den Blumen beim Verwelken zu«?

Wohl kaum.

Stehen Sie mal in schwarzem Anzug, weißem Hemd und mit Sonnenbrille gegenüber einem italienischen Restaurant! Nach 15 Minuten wird der Besitzer nervös. Er kann ja nicht wissen, dass meine Begleitung dazu neigt, die Uhrzeit frei zu interpretieren.

Ich dachte über die Pünktlichkeit in unserem Alltag nach. Der Rabbiner mit der schönen Zeittafel musste doch bemerkt haben, dass noch nie eine Gemeindeversammlung oder der Erwachsenenunterricht zur angesetzten Zeit begonnen hatte. Während er also mit mir redete und ich gedanklich die Dates mit meiner Frau durchging, stoppe ich ihn mit einer Frage:

»Sagen Sie Rabbi, Sie wissen doch, dass niemand pünktlich kommt, aber Zeit spielt eine so wichtige Rolle im Judentum. Wie passt denn das zusammen?«

Der Rabbiner guckte verdutzt. Es überraschte ihn, dass jemand ihm ins Wort fiel.

Doch er fasste sich, und ein Lächeln huschte über sein Gesicht.

»Warum wir es nicht schaffen, pünktlich zu sein? Das wissen Sie doch selbst. Wir müssen so viele Zeiten einhalten, da brauchen wir auch Gelegenheiten, zu denen man ein wenig liberaler sein kann.«

Voll wie ein Eimer

Das war ein denkwürdiger Kiddusch!

Vor allem, weil ich mich an den Rückweg von der Synagoge bis zum Hotel kaum noch, oder nur noch sehr schemenhaft erinnern kann. Eine klare und detaillierte Erinnerung habe ich erst wieder an den Anruf meiner Frau, die mir eine gute Woche wünschte. Da waren nicht nur drei Sterne am Himmel, sondern ungefähr alle. Ein sehr extremes Beispiel von Schabbesschlaf war das.

Der kleine Ron feierte seine Barmizwa, und sicher wäre das eine Standardfeier geworden, wenn ich nicht die Gorenstejns getroffen hätte. Sie saßen mir zufällig gegenüber, und wir kamen schnell ins Gespräch. Das war leicht, denn Herr Gorenstejn ist ein sehr kommunikativer Mensch, der eine kumpelige Art an den Tag legt, aber immer noch höflich und korrekt bleibt.

Er und seine Frau sind Mitte, Ende 50 und kommen aus einer interessanten Gegend. Also feuerte ich Zillionen Fragen zu ihrer Heimatstadt Baku ab.

Je interessanter das Gespräch wurde, desto

mehr schienen mir die beiden zu vertrauen. Irgendwann griff Frau Gorenstejn unter den Tisch und holte zwei Flaschen nach oben – zur Freude der anderen Gäste, die direkt ihre Gläser in unsere Richtung schoben.

»Das ist etwas ganz Feines«, sagte er und alle nickten.

»Habe ich selbst hergestellt.« Er füllte mein Glas zur Hälfte mit einer Flüssigkeit, die ich für Wodka hielt.

Wir alle nahmen den ersten Schluck.

»Le Chajim – auf Ron!« Wonach das Zeug schmeckte, kann ich nicht genau sagen.

Vielleicht Anis? Jedenfalls brannte es.

Mein Glas blieb nicht lange leer, irgendwoher schenkte jemand nach. Ich nippte vorsichtig.

Nach kurzer Zeit war Herr Gorenstejn voll wie ein Eimer, und in meinem Kopf drehte sich alles. Wenn das so weitergeht, dachte ich, schlägt mein Kopf in kurzer Zeit auf der Tischkante auf. Und so zog ich irgendwann die Notbremse.

Obwohl Frau Gorenstejn in hoher Frequenz einschenkte und trank, war sie offenbar noch bei vollem Bewusstsein. Wie sie sagte, käme das Zeug immer zu besonderen Anlässen auf den Tisch. Woraufhin ihr Mann lallte:

»Schabbes ist ein guter Anlass.«

An den Entschluss zu gehen, kann ich mich noch genau erinnern.

Dann der Filmriss.

Dem Ehepaar Gorenstejn musste der Konsum

besser bekommen sein, denn sie hatten noch Einzelheiten parat, als Frau Gorenstejn nach etwa zwei Wochen anrief und meiner Frau erzählte, sie hätte eine wunderbare Klavierlehrerin für meinen Sohn gefunden.

Wie sie berichtete, hätte ich sie an dem besagten Schabbat danach gefragt. Sie hatte erzählt, sie sei Pianistin und verfüge über gute Kontakte. Da sie ohnehin ihre Freundin besuche, schlug sie vor, uns der Frau persönlich vorzustellen.

Ich konnte mich nicht mehr klar daran erinnern, um nicht zu sagen, überhaupt nicht. Aber trotzdem fanden wir es nett, und so packte ich als Dank für die Mühe eine Flasche Champagner für Frau Gorenstejn ein.

Doch sie war nicht begeistert, als ich ihn beim Abschied überreichte.

»Mein Mann und ich trinken nur sehr wenig Alkohol. Es ist sehr gewagt, jemandem Spirituosen zu schenken.«

Aus dieser Geschichte habe ich gelernt:

Vorsicht mit Alkohol! In vielerlei Hinsicht.

Synagogen und Möbelhäuser

Wir waren spät dran. Ob wir es noch schaffen würden, pünktlich zur Synagoge zu kommen? Mein Sohn sollte sich nur schnell noch eine vernünftige Hose suchen. Doch da schrie es unüberhörbar aus seinem Zimmer:

»Wenn ich mein Bein anziehe, tut es im Bauch weh!«

Keine Minute später saßen wir im Auto und brausten in Richtung Krankenhaus.

Im Wartebereich der Notaufnahme waren weniger Plätze frei als üblicherweise in der Synagoge. Keine Kunst. Hatten die Leute am Samstagmorgen nichts Besseres zu tun? Aber das war wohl nur der allgemeine Bereich. Wir wurden von einer Schwester in eine andere Abteilung geführt, in dem eine Frau auf und ab lief.

Typ frühpensionierte Oberstudienrätin, lila Strähne im grauen Haar. Sie betrachtete uns argwöhnisch aus dem Augenwinkel, das konnte ich spüren. Ich war ja praktisch schon umgezogen für den Schabbat: Krawatte, Sakko, feines Hemd. Damit schien ich ihr offenbar verdächtig, jedenfalls mitten im Ruhrgebiet. Die Frau machte uns nervös. Unter dem Arm hielt sie ein dickes Buch.

Siddur? Wohl kaum. »Ikea« stand drauf.

Immer wieder blätterte sie in dem Katalog, dann rollte sie ihn zusammen. Sie sah auf die Uhr. Öffnete wieder den Katalog. Rollte ihn wieder zusammen und setzte sich.

Zwischendurch versuchte sie per Handy jemanden anzurufen. Dass hier Mobiltelefone ausgeschaltet sein müssen, interessierte sie nicht.

Eine weitere Gemeinsamkeit mit der Synagoge, dachte ich. Wieder blickte sie auf die Uhr. Katalog raus. Dann zückte sie einen farbigen Marker und kreiste ein paar Dinge ein. Plötzlich sprang sie auf, ging zur Tür, blickte hinaus und kehrte an ihren Platz zurück.

Und wieder blätterte sie laut im Katalog.

Mein Sohn machte einen entspannten Eindruck. Er beobachtete die gestressten Gesichter seiner Eltern und wartete darauf, dass ich die Frau auffordern würde, sich endlich zu beruhigen. Ich wollte sie gerade ansprechen, als ich ein bekanntes Gesicht im Wartebereich erblickte. Der alte Herr Gerschon! Ich hatte ihn jahrelang nicht gesehen.

Er hielt sich mit einer Hand den Brustkorb und atmete schwer.

»Hast du das Auto geparkt?«, fragte ihn die Frau. Gerschon nickte.

»Dann geh dich mal schnell anmelden«, sagte

sie zu ihm,

»die öffnen gleich. Lass dir eine Spritze geben und dann ab. Unsere Liste ist lang.«

Als freundliche Geste öffnete sie ihm die Tür zur Aufnahme. Uns nahm Herr Gerschon gar nicht wahr.

Ich war sehr erstaunt. Zackiger Ton im Hause Gerschon.

Und dann waren wir dran. Der Arzt untersuchte meinen Sohn gründlich und schloss einen Blinddarmdurchbruch aus. Nach einer halben Stunde standen wir wieder im Warteraum und zuckten mit den Schultern.

Die Hände des Arztes hatten offenbar heilende Kräfte, meinem Sohn ging es schon wieder besser.

Bei Herrn Gerschon war es ebenso.

Der schlenderte den Flur entlang und stellte sich zu meinem Sohn: »Gut Schabbes, mein Junge! Merk dir eines: Egal wie alt man ist, der Trick mit den Beschwerden funktioniert nur manchmal. Du wolltest nicht in die Synagoge und hattest Glück. Ich wollte nicht zu Ikea, aber das bleibt mir nicht erspart.«

Räitschel!

Zu Besuch in der weiten Welt.

Vier Synagogen standen zur Auswahl.

Welche wählt man? Orthodox, gemäßigt orthodox, konservativ oder liberal?

Ach was, sagte ich mir. Orthodox kann ich immer haben, eine etablierte liberale Gemeinde dagegen eher selten. Im Internet stand etwas von »warmer Atmosphäre«, auch das Wort »herzlich« wurde verwendet.

Direkt darunter waren die Mitgliederbeiträge aufgelistet.

Es hat eben alles seinen Preis.

Bei den anderen Synagogen fand ich nur die Gebetszeiten. Weil ich nicht zu früh erscheinen wollte, waren die meisten Sitzplätze schon belegt, und ich musste mich durch die Reihen quetschen. Natürlich war der einzige freie Platz irgendwo in der Mitte.

Zwischen einem freundlich aussehenden Mann Ende 40 und einer Frau, die sich ihrer rechten Sitznachbarin zugewandt hatte. Lediglich der Mann nickte mir kurz und wortlos zu. Die »warme Atmosphäre« war also deutlich zu spüren. Die Frau neben mir sah mich nur an, wenn ich meinen Blick nach vorne richtete. So etwas spürt man.

Die ersten Sätze des Gebets wurden gesprochen. Nicht übel, der Vorbeter. Vielleicht etwas überambitioniert, aber viel verstehen konnte man sowieso nicht. Meine Sitznachbarin wandte sich nämlich wieder ihrer Freundin zu.

Eine der Frauen hieß Rachel, das war nicht zu überhören. Aber nicht Rachel, wie man das normalerweise ausspricht, sondern Räitschel. Sie war auch diejenige der beiden, die die meiste Zeit sprach.

Räitschel saß direkt neben mir. Die Edelsteine an ihren Ringen verdeckten beinahe komplett ihre Finger. Deshalb musste ihre Freundin für sie Handy, Taschentücher, Schminkspiegel, Lippenstift, Kamm, Notizbuch, Eyeliner, Nagelfeile oder den kleinen digitalen Bilderrahmen aus der Handtasche fischen. Mit den Ringen hätte die Hand da überhaupt nicht hineingepasst.

Es wurde interessant in der Synagoge.

Räitschel berichtete gerade davon, wie sie ihren Mann um ungefähr alles gebracht hatte, was er besaß. Zwischendurch lachten die beiden Frauen dreckig oder quiekten. Der arme Mann, dachte ich.

Hätte zu wenig Zeit für sie gehabt, sagte Räitschel. Immer nur Geschäfte. Da hätten die Wochenendtrips nach Las Vegas oder Rio auch nicht mehr viel kitten können.

Michael (also Maikäl) hätte es nicht anders verdient, pflichtete die Freundin bei.

Dann eine unerwartete Unterbrechung.
Der Auftritt des Rabbiners.

Er hatte wohl ein »A plus« in »salbungsvoll sprechen« erhalten. Das alte deutsche Wort »weihevoll« fiel mir ein. Ein Glück, dass Räitschels Erzählung in die nächste Runde ging und ich ohnehin nur noch sie hören konnte. Das Schma Jisrael und das Achtzehnbittengebet mussten lange vorbei sein. Vorne passierte etwas, doch der Ton von nebenan war so deutlich, dass man praktisch nichts anderes mehr hörte.

Der Skiurlaub habe ihr die Augen geöffnet, sagte Räitschel. St. Moritz sei natürlich viel, viel besser als Aspen und überhaupt Enrico. Der Italourlauber hätte ihr ganz neue Pforten zu körperlicher Betätigung jenseits der Skipiste aufgetan und sei viel aufmerksamer.

Was einem so alles entgeht, wenn man von den Frauen getrennt sitzen muss, dachte ich. Vorne musste inzwischen die Toralesung gerade beendet worden sein. Eine kurze Atempause meiner Nachbarin erlaubte mir zu verstehen, dass der Rabbiner jetzt einige Ankündigungen machte. Ein perfekter Augenblick, um aufs Klo zu gehen.

Flüsternd beugte ich mich zu meinem männlichen Sitznachbarn, um ihn zu fragen, wo die Toiletten seien. Da tippte jemand an meine Schulter.

Es war die erzürnte Räitschel. Ob ich keinen Respekt vor dem Ewigen hätte und gerade jetzt quasseln müsste? Auch als Gast müsse ich bestimmte Regeln befolgen.

Sie deutete auf meinen Sitznachbarn.

»Michael, sag das dem Mann!«

Mein Rabbi!

Es sollte eine konspirative Besprechung werden. Noch vor dem Kiddusch nahm mich Michail zur Seite.

Was wollte er? Geheime Nachrichten? Revolution? Eher eine Art Einladung. Michail und seine Frau hatten auf einem Seminar einen jungen Rabbiner aus London kennengelernt, mit dem sie seitdem in engerem Kontakt standen. Der Rabbi hatte Michail davon überzeugt, dass man Gebete und auch mal einen großen Kiddusch durchaus in den heimischen Wänden durchführen könnte.

Michail war in der Umsetzungsphase. Der Rabbiner käme in zwei Wochen. Ob ich interessiert sei und kommen würde? Natürlich war ich interessiert! Ob ich auch andere Personen ansprechen würde? Natürlich könnte ich das tun. Veranstaltungsort sollte das Wohnzimmer von Michail und seiner Frau sein. Ich fragte mich, ob sie sich das gut überlegt hatten.

Einige Tage später kam eine Mail von Michail. Sie war vollgepackt mit Informationen: Adresse der Wohnung, Biografisches zum Rabbiner, Details zum Ablauf und eine Vorankündigung des

Kidduschs. Klang nett.

»Reichlich Challe für alle und Kuchen und Gebäck gehören selbstverständlich dazu«, las ich.
Schade, dass wir uns noch mehr als eine Woche
gedulden mussten.

Am Sonntag davor rief uns Michail am frühen
Morgen an. Er und seine Frau hätten festgestellt,
dass die Bestuhlung mit vier Hockern wohl etwas
dünn ausfallen dürfte. Ob wir nicht noch ein paar
von unseren Klappstühlen mitbringen könnten? So
ungefähr alle verfügbaren. Und wenn ich an einem
anderen Ort noch welche auftreiben könnte, sollte
ich das bitte als Beitrag zum Gelingen betrachten.
Das war in Ordnung. Müsste ich allerdings schon
am Freitag bringen, wegen Schabbat und so.

Montag rief Michail erneut an. Wir hätten doch
einen Satz Siddurim zu Hause, sagte er. Es wäre
toll, wenn wir den mitbringen könnten – zum Gelingen der Veranstaltung. Dienstag wieder Michail.
Wir hätten doch so viele Plastikteller. Ob wir auch
die mitbringen könnten – zum Gelingen und so
weiter? Mittwoch rief zu meiner Überraschung
seine Frau an. Sie wollte meine Frau sprechen. Ob
sie vier Challot backen könnte? Sie hätten so viel
um die Ohren. Und ach ja: Getränke wären auch
nicht schlecht.

Am Donnerstag rief Michails Frau erneut an
und bat um Kuchen und Gebäck. Zum Gelingen
der Veranstaltung. Als Michail am gleichen Nachmittag mich anrief und nach zusätzlichen Tallitot,
Sitzkissen und einem großen Tisch fragte, erlaubte

ich mir die Frage, ob es nicht einfacher wäre, wenn alle zu uns kämen. Kleine Mail, ein paar SMS, dann wäre die Sache geritzt.

»Wenn du selbst etwas auf die Beine stellst und von A bis Z alles organisierst – warum nicht? Aber mit null Gegenleistung kannst du doch nicht den ganzen Ruhm für dich beanspruchen! Das ist schließlich unser Rabbi!«, blaffte Michail durch den Hörer.

»Hmmh«, sagte ich sprachlos, und Michail fügte hinzu: »Wenn ihr die Sachen am Freitagvormittag bringt, dann holt doch bitte den Rabbi vom Bahnhof ab. Er kommt um zwölf.« Als ich fragte, ob er einen Kleintransporter für mich hätte, schrie Michail »Unverschämtheit« und legte auf.

Der Rabbi kam dann letztendlich doch nicht. Wir hatten kein Gästezimmer mehr frei.

Türkische Hochzeiten

Die Augen der übrigen Gäste am Tisch waren so groß wie Glasbausteine und ihre Münder weit aufgerissen.

Nur ich fiel unangenehm auf durch meine offen zur Schau gestellte Freude. Was war passiert? Talila hatte mich zu einem besonderen Kiddusch in ihre Gemeinde eingeladen. Wenn sie und ihr Freund Cem den ganzen Spaß bezahlten, war klar, dass sie etwas Spezielles vorhatten. Ich konnte mir nicht vorstellen, dass sie das nur machten, um den Betern einfach so einen schönen Vormittag zu schenken.

Beide kannte ich nur als Paar. Eine Vorahnung hatte ich zwar, als ich die Einladung erhielt, aber sie wollten nichts verraten. Auch während des Gebets war nichts aus Cem herauszubekommen. Er konzentrierte sich auf den Siddur und las aufmerksam mit. Das ist bemerkenswert, wenn man weiß, dass Cem Türke ist und muslimisch. Als Student semitischer Sprachen war für ihn Hebräisch wohl ein Klacks. Deshalb nahm man in Talilas Gemeinde lange Zeit an, der junge Mann an ihrer Seite sei ein sefardischer Jude. Das dies nicht so war, merkte er irgendwann recht beiläufig an. Doch das änderte nichts an seinem Verhältnis zur Gemeinde und der Gemeinde zu ihm.

Trotzdem rissen jetzt alle die Augen weit auf und starrten ihn an. Nachdem sich jeder von uns den Bauch vollgeschlagen hatte, verrieten die beiden den Grund. Sie standen auf und verkündeten, dass sie in einem Monat heiraten und Cems Eltern die Hochzeit ausrichten würden. Damit hatte niemand gerechnet.

Ich riss die Arme hoch:

»Eine türkische Hochzeit! Bingooo!« Das bedeutete: ein riesiges Büffet, ungewöhnliche Live-Musik mit Menschen, die beim Feiern nicht die Handbremse angezogen hatten.

Kleiner Kreis hieß, mindestens 200 Personen würden bis in die Morgenstunden tanzen, und ich wäre mit meiner Frau mittendrin. Man könnte sich auch mal miteinander unterhalten, ohne zu flüstern. Feiern de luxe also.

Das wäre genau das Richtige. Nicht, dass jüdische Hochzeiten langweilig wären. Aber bei der Letzten hatten fast alle potenziellen Tanzpartner Bärte, und die ohne Bärte waren noch nicht in der Pubertät. Die Frauen feierten unter sich.

Natürlich war ich eingeladen zu diesem Mega-Ereignis. Und es kam noch besser: In der Einladung stand, dass die Familie wolle, dass die jüdischen Gäste sich wohlfühlten. Deshalb seien alle Speisen koscher zubereitet. Die Küche des Hotels sei darauf eingerichtet. Das bedeutete noch viel größeren Partyspaß. Mental war ich voll eingestellt und nervte meine Frau schon Tage vorher mit extrem guter Laune.

Der große Tag kam.

Was soll ich sagen?

Auf der Hochzeit mit den Bärten bin ich wenigstens satt geworden. Wie sich herausstellte, waren Cems Eltern betuchte Akademiker und hatten einen weit verzweigten Bekannten- und Verwandtenkreis aus diesem Milieu. Dementsprechend distinguiert ging es auf der Feier zu.

Essen wurde von Kellnern an den Platz gebracht, eine kleine Band spielte leisen Swing und die besten Hits von Sinatra. Doktoren und Professoren zitierten Kant und Hegel in ihren Gratulationsreden. Alkohol bot sich nicht als Lösung an. Es gab nur trockene Weine, und der Kellner war nicht schnell.

Warum treffen Vorurteile nicht zu, wenn man es braucht?

Ich wollte zurück zu den Bärten.

Sticht!

Als Oberstufenschüler fuhr ich in der Regel mit der U-Bahn zur Schule. Es kam vor, dass ich einen Zug nahm, der nicht mehr ganz so voll war wie am frühen Morgen. Ich neigte damals dazu, die Anfangszeiten eher großzügig auszulegen.

Einige Male war ich der einzige Fahrgast in der Bahn. Ich setzte mich auf den erstbesten Platz und erledigte rasch noch ein paar Hausaufgaben.

Manchmal stieg nach vier Haltestellen eine ältere Dame ein. Sie hielt mir bei unserer ersten Begegnung einen unleserlichen Schein unter die Nase. »Stehen Sie auf, junger Mann!«, sagte sie, »Sie sitzen auf meinem Platz.«

Die Frau zeigte auf das Symbol über dem Sitz. Es deutete an, man solle für Ältere und Schwangere die Bank räumen. Ich war verwundert, denn alle anderen Plätze in der Bahn waren leer. Dennoch stand ich auf und setzte mich woanders hin.

Eines Tages kam jemand, der auch einen solchen Ausweis vorweisen konnte und versuchte, die Dame zu verscheuchen. Triumphierend zückte sie ihren Schwerbeschädigtenausweis: »50 Prozent«.

Ihr Gegenspieler lächelte süffisant und zeigte seine Karte: 60 Prozent. Trumpf heißt das Spiel, glaube ich, das man sonst mit Karten von Rennautos spielt. Aber das Prinzip ist das gleiche.

Ein ähnliches Schauspiel beobachte ich manchmal, wenn ich in einer fremden Synagoge zu Gast bin. Nicht alle Plätze sind besetzt, häufig treffe ich auf viele leere Sitzreihen und eine Gemeinde, die kaum einen stabilen Minjan zusammenkriegt. Platzkarten wie in größeren Gemeinden kommen als zusätzliche Einnahmequelle nicht infrage.

Oft setze ich mich vollkommen unbedarft in eine leere Sitzreihe und beginne mitzubeten. Bis jemand kommt und mich – mal mehr, mal weniger freundlich – darauf hinweist, dass dies sein Platz sei. Klar, oftmals sind ja auch nur noch 75 andere Plätze frei. Da fällt die Auswahl einer Alternative schwierig.

Das Vorgehen bei meiner Vertreibung ist unterschiedlich. Manche Männer berühren vorsichtig meinen Oberarm. Andere schreien mich an, klopfen mir mit dem Gehstock auf die Schulter oder stoßen mich damit, gerade so, als wollten sie prüfen, ob noch ein Hauch Leben in einem Tierkadaver ist. Einmal zog mir ein Mann einfach den Tallit herunter und machte so auf sein Anliegen aufmerksam.

Beim Kiddusch wiederholt sich das Spiel. Viele Beter haben unsichtbar markierte Plätze. Sich dort hinzusetzen, kann als Eingriff in die Ordnung der Welt verstanden werden.

Wer also jemanden bemerkt, der während des ersten Teils der Schabbat-Gebete steht und sich ein wenig hin und her bewegt, soll nicht denken, das geschehe aus religiöser Hingabe.

Nein, er sieht mich, wie ich lieber stehen bleibe und so keinem speziellen Platz zuzuordnen bin.

Erst wenn ich sicher bin, dass wahrscheinlich niemand mehr kommt, setze ich mich.

Oft ist dies kurz vor Schluss. Beim Kiddusch stehe ich nicht aus Höflichkeit hinter meinem Stuhl, sondern ich warte, bis niemand mehr kommt, der mich wegschicken könnte.

Dass das eine einen religiösen Eindruck macht und das andere einen höflichen, ist nur ein Nebeneffekt.

Viren

Als kürzlich der Baal Korej, also derjenige, der sich um die Toralesung kümmert, recht beiläufig erwähnte, er fühle sich nicht wohl, habe ich mir nichts Besonderes dabei gedacht. Eine Woche später wusste ich, dass es auch einmal ganz gut ist, keinen Aufruf zur Tora zu bekommen.

In der Woche darauf war zwar der Baal Korej wieder da, aber keiner von den Männern, die irgendetwas mit der Toralesung zu tun hatten.

Alle sieben Männer mit einem Aufruf in der Vorwoche fehlten.

Der Leser der Haftara fehlte, der Helfer an der Seite fehlte und die zwei Männer, die die Tora erheben und ankleiden.

Elf Männer fehlten also.

Der Baal Korej berichtete dann, ihm sei es auch nicht so gut gegangen. Am Schabbesnachmittag hätte er den bösesten Durchfall bekommen, den man sich denken kann.

Später dann noch die größte Übelkeit, die man sich überhaupt vorstellen kann – »Magen-Darm«. Jetzt wusste ich, womit die Aufgerufenen die Woche über beschäftigt waren und dementsprechend nicht in der Synagoge. Die ganze Händeschüttelei auf der Bima – vereinzelt war es auch zu Umarmungen gekommen – hatte den kleinen Viren einen perfekten Tummelplatz geboten.

»Weißt du, was das Schlimmste daran ist?«, fragte mich der Baal Korej.

Das Schlimmste ist, wenn du Schomer Schabbat bist und Durchfall hast.

Meinst du, wir hätten die gesamte Rolle Klopapier schon vor Schabbes in kleine Streifen gerissen?

Die 40 Blatt waren sehr schnell aufgebraucht. Details erspare ich dir.«

Das brauchte er eigentlich gar nicht.

Die Bilder waren schon im meinem Kopf. Ich konnte nur hoffen, die elf Männer waren nicht so sehr observant, wenn man so etwas überhaupt hoffen darf.

Und das erzählt der Baal Korej ausgerechnet mir! Ich bin ohnehin schon nicht vorsichtig, sondern paranoid was Keime angeht – sagen jedenfalls andere über mich. Aber die Fakten geben mir recht: Viren haben verdammt viele Menschen auf dem Gewissen.

Obwohl: Sie haben ja gar kein Gewissen. Noch schlimmer also. Gewissenlose Killer. Und wir öffnen ihnen unsere Synagogen! Wir lassen sie hinein!

Ich wäge noch ab zwischen dem Risiko, das

durch die Halbstarken besteht, die sich ein Handtuch um den Kopf wickeln, nachdem sie die komische Biene Maja aus dem Hamas-Kinderprogramm zum Pogrom aufgerufen hat, und dem Risiko, das dadurch besteht, dass derjenige, der die Challestückchen mit seinen Händen auf den Tellern verteilt, vielleicht nur unzureichend desinfiziert ist. Beide sind schlecht für die Juden.

Aber Viren lassen sich vermeiden, indem man irgendwie aufpasst und sein Verhalten ändert.

Antisemiten sind durch nichts zu beeindrucken, da können wir noch so vorsichtig sein. Also müssen wir wenigstens bei uns aufpassen. Jetzt im Herbst ist wieder die richtige Zeit für Wachsamkeit. Ich gehe mit gutem Beispiel voran und wasche meine Hände gründlich, nachdem ich nach dem Ende des Morgengebets allen anderen die Hände geschüttelt habe.

Am besten nutzt man die Zeit zwischen der Bracha über den Wein und über das Brot. Da muss man sowieso die Hände waschen. Das ist ja eigentlich nur ein Übergießen, aber man sollte die Zeit nutzen, um richtig zu waschen. Einziges Problem dabei ist, dass man dann nichts mehr von der Challe abbekommt.

Obwohl – die könnte ohnehin verseucht sein. Wäscht der Vorbeter sich vernünftig die Hände? Hat die Küchenfrau nicht Kinder im Schulalter? Die sind doch besonders häufig krank. Wer weiß, wem sie am Morgen schon alles die Hand gegeben hat. Wer weiß, ob sie sich die Hände ordentlich wäscht. Vielleicht besser ganz wegbleiben vom Kiddusch? In der nächsten Woche wird es aber Tscholent mit Fleischeinlage geben.

Ach was – no risk, no fun. Lieber einen ordentlichen Kiddusch im Bauch und hinterher ein wenig Unwohlsein, als Teenager, die auf dem Nachhauseweg antisemitisch pöbeln.

Fasten

Dieses Jahr hat sich Jom Kippur anders ange-kündigt als in der Vergangenheit. Zunächst be-merkte ich es gar nicht so genau. Erst als sich das Phänomen häufte, wurde mir klar, was da gerade passierte.

Es kündigte sich durch häufige Einladungen zum »Kiddusch nächste Woche« an.

»Ja, nächsten Schabbes zahle ich den Kiddusch für euch«, war überall zu hören und »Aufgepasst – zum Kiddusch nächste Woche spendiere ich Lachs und Wein für alle«, oder »Nächsten Schab-bes machen wir einen großen Kiddusch bei uns zu Hause«.

Irgendwann fiel dann der Groschen, äh Schekel: Der nächste Schabbes war Jom Kippur. Also nichts mit Kiddusch. Nach dem Morgengebet blieben die Kidduschräume und die Bäuche leer.

Jom Kippur, der Schabbat der Schabbatot, der große Fastentag.

Die Literatur berichtet von Zaddikim, die sich kleine Steine in die Schuhe legten, um sich den Tag noch ein wenig schwerer zu machen. Für mich ist Jom Kippur schon allein durch die Aussicht, etwa

26 Stunden nichts essen zu können, Selbstmarterung genug. Fastenbeginn ist um, sagen wir 19.30 Uhr.

Bereits fünf Minuten später bin ich am Ende meiner Kräfte. Ränder unter den Augen, der Magen knurrt ohne Ende und das, obwohl ich noch kurz vorher tonnenweise Nahrungsmittel in mich hineingestopft habe. Natürlich keimte da irgendwann der Verdacht, da könnte ein Zusammenhang bestehen, aber naja.

Mittlerweile habe ich eine Abneigung gegen die Monotonie von Jom Kippur entwickelt. Nicht, dass wir uns falsch verstehen: Die Gebete, den Sinn und die Bräuche liebe ich, auch die Melodien in der Synagoge. Monoton sind allerdings die sich wiederholenden Witze und Kalauer. Jedes Jahr nach dem Motto:

»Der Witz war gut, ich erzähle ihn gleich noch einmal. Yom Kippur's Greatest Hits«.

Es gibt kein Jahr, in dem nicht irgendjemand bei der Ankunft zum Nachmittagsgebet gefragt hätte: »Na, hat's geschmeckt?« oder »Wisch dir mal die Sauce aus dem Gesicht«. Schon bin ich kurz davor, mein Sündenkonto fürs kommende Jahr knietief in den Dispo zu zwingen.

Es gilt sicherlich als mildernder Umstand vor dem Richterstuhl des Allerhöchsten, wenn ich mich unterzuckert zu Kurzschlussreaktionen hinreißen lasse. Skandal auch, dass dies keine Sünde im »Al Chet« ist:

»Wir haben gesündigt durch das wiederholte

Erzählen alter Witze und unseren Nächsten damit Schaden zugefügt.«

Das sollte man mal dringend aufnehmen in das Register.

Aber diese Kalauerkönige erfüllen eine wichtige Funktion. Sie sind offensichtlich die moderne Variante der kleinen Steinchen in den Schuhen. Durch ihr beständiges Reden über das Fasten, erhöhen sie den psychischen Druck und machen die ganze Sache noch etwas ungemütlicher. Wobei ich das Gefühl habe, dass die Leute, die pausenlos und ohne Unterbrechung über das Fasten reden, selber nicht so sehr fasten. Das ist wie mit den Leuten, die permanent erzählen, wie religiös sie sind.

Ich habe jedenfalls den Ruf der Mizwa gehört und nutze die Zeit bis zum nächsten Jom Kippur zum Sammeln alter Witze über das Fasten. Damit helfe ich dann im nächsten Jahr den anderen Betern auf die Sprünge.

Dann werde ich ihr Stein im Schuh sein.

Der Autor dieser Zeilen nimmt Ihre alten Witze gerne entgegen und gibt sie an ein breites Publikum weiter.

Fromm?

Daniel hat mich eigentlich immer nur ausge-
lacht. Er ist ein wenig älter als ich, hat früher ab
und zu seinen Onkel zu jüdischen Veranstaltungen gefahren, aber sonst hatte er mit »dieser ganzen religiösen Sache«, wie er es nannte, nicht viel
am Hut. Im Theater konnte man ihn treffen, oder
im Kino, oder im Café. Dort mit stetig wechseln-
der Damenbegleitung.

Seine Frau hatte ihn vor Jahren mit seinem Sohn
sitzen lassen. Wenn ich es richtig verstanden habe,
besteht ihr Lebensinhalt heute darin, in der Toska-
na mit irgendeinem Lifestyleguru töpfernd neue
Sphären des Daseins und der Sexualität zu erkun-
den.

Daniel schien all das nicht sonderlich zu bedau-
ern. Als sein Sohn noch etwas jünger war, machte
er sich prima als Werkzeug, um mit Frauen ins Gespräch zu kommen. Mit dem Kleinen kam er nur
äußerst selten in die Synagoge. Aber er wollte ihm
diese Option offenhalten.

Vor einigen Wochen war Daniel plötzlich wieder in der Synagoge. Er setzte sich neben mich und
löcherte mich mit Fragen zu allen möglichen The-

men und wollte wissen, wo man richtig tolle Einführungsliteratur bekommt. Ich war sehr froh und irgendwie stolz, dass ich jetzt offenbar ein Projekt hatte. Daniel schien sich für das Judentum zu interessieren, und ich war sein Tor in die jüdische Welt!

Am Anfang habe ich vielleicht ein wenig überreagiert und ihm zehn bis zwölf Bücher vor die Tür gelegt, ein paar Schabbatkerzen, ein Buch über Kaschrut und eine Flasche Kidduschwein. Aber er hat sich fröhlich bedankt und mich zum Kiddusch eingeladen.

Da wurde mir klar, wie der Hase läuft. Ich traf dort nämlich die Freundin seines Sohnes. Sehr hübsches Mädchen und zufälligerweise Jüdin. Sohn und Vater wirkten, als hätte jemand eine Hasch-Challe gebacken.

Beide starrten die junge Frau mit großen Augen an. Alles andere spielte überhaupt keine Rolle mehr und wurde komplett ausgeblendet.

Plötzlich hörte ich Daniel auch die Segenssprüche über den Wein sprechen.

Noch drei Wochen zuvor hätte er das Glas erhoben und so etwas gesagt wie »Kipp runter« oder »Hau wech«.

Aber jetzt stand er selig lächelnd am Tisch und blickte voller Ehrfurcht auf den Wein. Dann setzte er sich hin und quittierte jeden Schluck, den ich nahm, mit einem »LeChajim – LeChajim«. Und wann immer ich ihm etwas Positives erzählte, sagte er: »Baruch haSchem«.

Beim nächsten Synagogenbesuch tippte er plötzlich immer auf die Stelle in meinem Siddur, bei der der Vorbeter gerade war. Nicht nur einmal, sondern ständig. Zudem hatte ich das Gefühl, dass er mich aus dem Augenwinkel genau beobachtete und schaute, ob ich auch alles richtig mache.

Die junge Dame saß in der Frauenabteilung. Daniels Sohn schockelte sich derweil schwindelig. Beim Kiddusch in der Synagoge ging das weiter. Sobald das Mädchen den Raum betrat, waren die beiden nicht mehr ansprechbar. Und sobald sie sich anders beschäftigte, überprüften sie alles auf seine Richtigkeit.

Psst! Nicht sprechen nach dem Segen über den Wein! Mit einem Knuff in die Seite gab mir Daniel zu verstehen, dass man sich die Hände dreimal mit Wasser übergießen soll.

Mein Projekt »Tor zum Judentum« verlief also recht nachteilig für mich.

Sechs Wochen später aber war da plötzlich niemand mehr, der mir die Seiten umblätterte. Daniel blieb weg.

Auch an den folgenden Schabbatot. Eines Abends rief ich ihn an. »Ach ja, die Freundin meines Sohnes meinte, wir seien ein wenig zu extrem. Freaks.

Und dann hat sie mit uns Schluss gemacht.«

Baruch haSchem, dachte ich.

Politik in der Synagoge

Der Gabbai sieht mich erwartungsvoll an.

Eine fremde Gemeinde, ich kenne niemanden, stehe ganz vorne und habe das Gefühl, die versammelte Beterschaft hält die Luft an, um zu hören, wen ich als Nächsten für eine Bracha nennen würde. Nachdem bereits die engsten Familienmitglieder an der Reihe waren, kann ich mich nicht entscheiden.

Weiß nicht einmal, wie die Vorsitzenden heißen, es kann ja nicht schaden, sich ein wenig gut zu stellen.

Fehlanzeige also. Weil mir absolut nichts einfällt, sage ich:

»Medinat Jisrael«, den Staat Israel, und

»haKahal«, die Gemeinde – das ist eigentlich ganz clever, und niemand fühlt sich übergangen. Der Gabbai nickt zufrieden und hetzt den Text herunter. Alle Umstehenden lächeln, ich lächele. Der Kiddusch kann kommen.

Der Saal ist aufgeteilt in mehrere quadratische

Tische. Es sind nur wenige Stühle frei. Die Platzwahl ist schwierig. Den Tisch mit den Kindern, die die Flaschen mit der Apfelschorle durchschütteln, meide ich lieber. Den Tisch, an dem fast alle Polyesterhemden tragen, meide ich im Sommer ebenfalls lieber. In einer Ecke sehe ich eine Frau im mittleren Alter im Sommerkleid, einen unrasierten Burschen und einen milchgesichtigen Jungen. Das soll mein Tisch werden: eine harmlose Frau und ein intellektueller Student.

Meine Menschenkenntnis hat mich aber vor die Wand laufen lassen.

Auf mein freundlich-unverbindliches »Schabbat Schalom!« antworteten sie missmutig und kaum verständlich. Anschließend beugt sich die Dame zum Dreitagebart, der nickt mehrere Male und wirft mir einen verächtlichen Blick zu. Dann beugen sich beide zurück, und jetzt stößt die Frau den Bart einige Male an, bis der die Zähne auseinander bekommt. »Wir haben Sie beobachtet, das sollen sie wissen. Und äh, wir möchten bemerken, dass, ja, ...« – jetzt wird es der Frau zu bunt, sie ergreift selbst das Wort: »Wir haben Sie beobachtet gerade eben und möchten Ihnen sagen, dass wir der Meinung sind, die Synagoge ist kein geeigneter Ort für Ihre kleine politische Demonstration.«

Wird ein schwarzer Siddur hier schnell missverstanden?

Das Rot des Tallitbeutels falsch interpretiert? Ich zucke mit den Schultern und versuche, meine

Ratlosigkeit auszudrücken.

»Ihr aufgeblasener Segen für den Staat Israel – als wüssten Sie nicht, dass der Zionismus in der Synagoge nichts verloren hat. Sie wollen uns wohl alle für Netanjahus Politik haftbar machen? Ohne uns! Das sagen wir Ihnen!«

Der Student nickt, das Milchgesicht schüttet heißes Wasser in die Packung mit dem Süßstoff. »Okay« sage ich, »ich gehe kurz zum Buffet«, stehe auf, fülle meinen Teller und suche mir einen Platz auf der anderen Seite des Saals.

Einige grauhaarige Herren deuten auf den freien Platz.

»Kommen Sie, junger Mann«, werde ich freundlich eingeladen. Ich setze mich zu ihnen.

Einer der Männer blickt mich ernst an:

»Sagen Sie mal, wir haben Sie beobachtet. Glauben Sie nicht, dass Ihr Segen über den Staat Israel uns darüber hinwegtäuscht, dass sie bei dem Gebet für die israelische Verteidigungsarmee nicht ›Amen‹ gesagt haben. Glauben Sie wirklich, der Pazifismus kann die Probleme des Staates Israel lösen?«

Ich hatte keine Ahnung, was die korrekte Antwort war.

»Wenn Sie das glauben, dann können Sie sich auch zu meiner Frau und meinen Söhnen setzen. Die sitzen da drüben«, dabei deutete er auf die Frau im Sommerkleid.

Nächste Woche ist die Barmizwa seines Sohnes. Ich bin nicht eingeladen, gehe aber trotzdem hin.

Ich habe ein schön gerahmtes Faksimile der Unab-
hängigkeitserklärung.

Das schenke ich der Familie.

Da haben alle was davon.

Impulsgeber Faulheit

Ich helfe gern bei den Schabbatvorbereitungen und neige dazu, das Ganze zu optimieren.

Sobald das Stichwort »Schabbat« fällt, bringt meine knapp zweijährige Tochter die Schabbatkerzen aus dem Abstellraum an den Esstisch. Auch Siddur, Kidduschbecher und Teller legt sie auf den Tisch.

Ich gebe das Stichwort, und meine Tochter legt los. Das ist Optimierung.

Bequemlichkeit, manche würden es vielleicht Faulheit nennen, ist dabei stets ein guter Impulsgeber. Die meisten Erfindungen der Menschheit wurden schließlich aus Faulheit gemacht. Wie kann ich ein optimales Ergebnis bei minimalem Aufwand erzielen?

Ich nenne es das Faulheitsökonomiegesetz. Davon könnte auch meine Frau profitieren, dachte ich. Also eröffnete ich ihr feierlich, in dieser Woche würde ich mich um die Challot kümmern. Ich hatte das Problem bereits analysiert.

Am Freitagvormittag ist die Zeit knapp, und die Vorbereitung der Challe braucht doch ein wenig Zeit. Die gewonnene Zeit könnte meine Frau am Freitag entsprechend anders nutzen.

»Diese Woche kümmere ich mich darum«, sagte ich fürsorgend. Ich hatte einen fantastischen Plan im Hinterkopf: Ich nutze die Abwesenheit meiner Frau und mache die Challe schon am Montag. Da hatte ich mehr Zeit als am Freitagvormittag.

Der Plan war:

Am Montagabend gemacht, eingefroren, Freitag ausgepackt und kurz aufgebacken. Fertig!

Ich nahm also meine Tochter mit in die Küche und legte los. Kochbuch auf und abgelesen.

Mehl? War da.

Hefe? Wo bewahrte meine Frau sie nur auf? Kurz bevor ich ihre Mobilnummer wähle, haue ich mir selber auf die Hand. Nein, nicht anrufen!

Also schnell welche gekauft. Tochter angezogen, in den Kinderwagen gesetzt, Hefe gekauft. Tochter umgezogen. Weiter ging es.

Wasser? Kein Problem.

Salz? Wo das steht, weiß ich.

Drei Eier? Mist, wir hatten nur noch zwei. Also Tochter angezogen, in den Kinderwagen gesetzt, zum Supermarkt gerollt, zurück, Tochter umgezogen. Jetzt hatten wir genug Eier.

Der eigentliche Vorgang war dann kein Problem. Allerdings wurde ich immer wieder von meiner Tochter unterbrochen. Keine Ahnung, wie meine Frau das organisiert: Tochter in Schach halten und mit dem klebrigen Teig hantieren. Zwischendurch hatte sie mehr Teig am Hemd als ich auf dem Tisch. Das klebt blitzschnell an den Händen, und man bekommt es nicht weg. Unfassbar. Ihr zweistündiger Mittagsschlaf kam dann wie gerufen, denn die Zeit brauchte ich, um die Küche einigermaßen zu reinigen.

Am Ende des Tages lagen zwei Challot im Gefrierschrank und warteten auf ihre Präsentation am Freitagabend.

Die Woche war gerettet. Am Freitag kostete ich meinen Triumph aus – bis zum Anschneiden der zwei Brote. Haben Sie schon einmal versucht, zwei Eisblöcke mit dem silbernen Challa-Messer zu teilen?

Faulheitsökonomisch allerdings war es ein Volltreffer. Meine Frau bäckt weiterhin die Challe, und ich darf nie wieder das Mehl anfassen.

Tabletten

Hamburg Hauptbahnhof.

Ich steige aus dem Zug, fahre die Rolltreppe herauf und verlasse das Gebäude nach draußen in Richtung der Taxis. Dort kommt ein Mann auf mich zu.

Im Vorübergehen flüstert er: »Valiumderivate«. Ich verstehe zunächst nicht genau, was er meint und rufe: »Was?« hinterher.

Der Mann mit den langen Haaren dreht sich um, er sieht ein bisschen genervt aus, und wiederholt: »Valiumderivate oder andere BTM-pflichtige Medikamente«.

Sah ich so fertig aus nach der Zugfahrt?

»Ich bin Jude«, sagte ich zu ihm. »An so etwas komme ich selbst ran« und ging weiter.

Vermutlich arbeitet der Mann jetzt an seiner Konversion. Aber etwas übertrieben hatte ich doch. Betäubungsmittel in dem Sinne wurden mir noch nie angeboten.

Tatsächlich ist es so, dass es in einer Gemeinde, die ich kenne, mittlerweile einen Tisch gibt, an dem Medikamente getauscht werden. Herausgefunden hatte ich das, nachdem ich einige Zeit krank war und mich wieder beim Kiddusch blicken ließ.

»Sie waren krank? Hoffentlich nichts Ernstes.« Um nicht unhöflich zu sein, umriss ich kurz den Status meines Befindens und die ärztliche Behandlung.

Allerhöchstens zehn bis zwölf Sätze. Ich fehlte mit Attest, wollte ich damit sagen.

Tatsächlich aber schien sich mein Gegenüber sehr eingehend für die Behandlung zu interessieren. Er wollte wissen, was für Tabletten ich bekommen hatte, ob welche übrig geblieben seien, und ob ich die wohl beim nächsten Mal mitbringen könnte. Ob er auch krank sei, wollte ich wissen.

»Wer weiß«, sagte er. »Ich werde schon irgendwann die entsprechenden Symptome entwickeln, oder ich tausche die Tabletten gegen welche, die zu meinen Symptomen passen.«

Jetzt sah ich, das andere Tischnachbarn in ihren Taschen kramten und einander kleine Verpackungen zuschoben. Medikamente gegen Kreislaufprobleme wurden gegen diverse Auflösetabletten getauscht.

Mit der Frage »Gegen was sind die?« offenbarte ich in aller Naivität, dass ich noch nicht zum inneren Kreis des Tauschzirkels gehörte. Die Dame, die gerade die kleinen runden Auflösetabletten in Empfang nahm, erklärte mir, dass sie die großen nicht herunterbekomme. Die zum Auflösen seien viel einfacher einzunehmen, sagte sie. Nachdem ich diese grünen Tabletten mitbrachte, war ich Mitglied des Medikamentenzirkels.

Früher kamen übrigens noch ein paar Ärzte zum Kiddusch. Besserwisser waren das. Stellten ständig falsche Diagnosen. Im Internet hatten wir ganz andere Diagnosen bekommen!

Die hatten wirklich keine Ahnung. Zudem behaupteten sie, Selbstmedikation sei nicht der beste Weg, um gesund zu werden. Natürlich mussten sie das behaupten. Wir waren ja die mutigen Brecher ihres Meinungsmonopols!

Vermutlich haben die Quacksalber jetzt irgendwo eine eigene Synagoge eröffnet. Sie kommen nicht mehr zu uns, vermutlich, weil wir sie immer nach der privaten Handynummer gefragt haben. Auch wenn sie nicht immer richtig lagen mit ihrer Diagnose, so konnte ich ihnen bisher immer den Ausdruck der Internetseite vorlegen und ihnen sagen, welche Rezepte sie mir ausstellen sollten. Übrigens kann ich jetzt nachts viel länger wach bleiben.

Seitdem ich die kleinen roten Tabletten nehme, komme ich mit viel weniger Schlaf aus.

Challekrise

Die Eurokrise ist da, und so wie es aussieht, sind wir Juden dieses Mal nicht als erste zum Sündenbock gemacht worden. Nun ja, einige Griechen meinen allerdings, dass zumindest ein paar Juden daran schuld seien, dass der Euro jetzt eine ungebremste Talfahrt hinlegt.

Dass mit der griechischen Weltanschauung nicht alles ganz koscher ist, wussten schon die Makkabäer und haben Anhänger derselben deshalb höflich gebeten, ihre politischen Ambitionen in Israel zu überdenken. Um das einmal euphemistisch zu formulieren.

Das ändert leider nichts daran, dass wir jetzt Gezänk und schlechte Laune auf höchster politischer Ebene erleben. Dagegen scheint jede Gemeindevollversammlung ein richtiger Wellnessnachmittag zu sein.

Dass die Krise uns erreicht hat, weiß ich spätestens seit einer großen Veranstaltung mit einer ganzen Reihe von Kulturschaffenden und einigen Vertretern öffentlicher Einrichtungen.

Ein Architekt, dessen Vorhaben von einer jüdischen Organisation eingefroren wurde, deutete das für mich als Vorbote der bevorstehenden Katastrophe: »So weit ist es gekommen«, sagte er zu mir, »dass sogar die Juden jetzt schon sparen müssen.«

Wenn das Vorurteil stimmen würde, hätte ich noch mehr graue Haare, weil ich mich darum sorgen müsste, wo ich jetzt mit dem ganzen Geld hin soll, bevor es verfällt wie ein Gutschein für den Elektromarkt. Baruch haSchem habe ich kein Geld, also auch keine ernsthaften Sorgen.

Erste Anzeichen der Krise zeigen sich auch bei manchem Kiddusch.

Die Challe ist dünner geschnitten als früher, der Lachs nur noch einlagig, es gibt weniger Einladungen, und sogar die Gespräche sind noch flacher als sonst.

»Mein Bauch ist so leer wie meine Brieftasche. Was ist hier los?«, beschwerte sich kürzlich ein Beter.

In dieser Zeit sind Anlagetipps viel wert. Aber was soll man erwarten?

Die Leute sind verunsichert. »Kopfkissen« ist eine häufig zu hörende Antwort, aber sicher kein Schutz vor der bevorstehenden Monsterinflation. In der Schweiz anlegen? Wohl kaum.

Denn wer weiß, ob auf das Minarettverbot nicht auch ein Kippaverbot folgt?

Mein Favorit ist der Tipp »Gib alles aus und habe Spaß damit. Dann bleiben dir wenigstens gute Erinnerungen«.

Nicht schlecht, dachte ich. Doch was soll ich

ausgeben?

Vielleicht lohnt es sich, einen Kredit aufzunehmen, um Geld zu haben, das man vor dem kompletten Zusammenbruch ordentlich auf den Kopf hauen kann.

Jedenfalls kommt bei vielen Unruhe auf. Ein Mann berichtet mir, dass in der Ukraine der Rubel, der praktisch nichts wert war, eines Tages durch den noch wertloseren Kupon ersetzt wurde.

Was bei dessen Einführung 130 Kupons gekostet habe, kostete wenige Jahre später 100.000 Kupons. Ob er einen Inflationstipp für mich hätte? »Damals sind wir ohnehin ausgereist. Aber jetzt?« Vermutlich werde ich abwarten. Jede Krise wird ein Ende haben und diese hat ja schon viel früher begonnen als gedacht.

Ein kinderreicher Bekannter öffnete mir vor Kurzem die Augen.

Bei ihm begann die Geldentwertung vollkommen unabhängig von den Griechen.

»Als unsere kleine Chaja geboren wurde, kamen wir mit dem Geld noch gut aus. Doch dann muss die Inflation begonnen haben. Als Mendel und der kleine Schmulik zur Welt kamen, reichte das Geld gerade noch so. Und als dann die süße Rachel dazustieß, kamen wir mit dem Geld kaum noch aus. Obwohl ich das Gleiche verdiente wie vorher! Die Inflation frisst unser Geld auf.«

Die Inflation oder der kleine Schmulik. Wenn auch das letzte Stück Challe gegessen ist, werdet ihr sehen, dass man Pappteller nicht essen kann.

Das haben weise Indianer einst gesagt, die ihn am Schabbestisch beobachtet haben.

Speck?!

Bin ich schlecht integriert?

Fühle ich mich als Teil der Gemeinschaft oder fühle ich mich nur als Gast?

Sollte ich mich gesellschaftlich etwas mehr einbringen? Werde ich überhaupt akzeptiert?

Das sind Fragen, die ich mir früher gestellt habe. Heute habe ich habe ich einen dicken Strich unter die Sache gezogen und bin zu folgendem Entschluss gekommen: Ich bin vollkommen integriert, jedenfalls zu einem großen Teil.

Mein erster Schritt zu einer gelungenen Integration war das Erlernen der russischen Sprache. Dadurch kann ich den meisten Gesprächen in der Gemeinde und bei mir zu Hause folgen.

Das eröffnet Horizonte! Meine Frau meint, viele Männer würden alles dafür geben, ihre Schwiegermütter nicht zu verstehen. Aber das nehme ich in Kauf für den Spaß, den mir meine Russischkenntnisse in manchen Gemeinden bereiten.

Besonders dort, wo ich fremd bin und die anderen Beter nicht wissen, ob ich ihre Privatgespräche verstehe oder nicht. Bemerkenswerterweise spricht man über mich, als sei man sich absolut sicher, dass ich nichts verstehe.

»Kann der Russisch?« –

»Der sieht gar nicht so aus«, »er kann Hebräisch lesen, also kann er wohl kein Russisch.«

Ich habe lange gebraucht, in solchen Situationen meinen ahnungslosen Ich-versteh-nichts-Blick aufzusetzen. Denn der ist das wichtigste an der ganzen Sache und der Schlüssel zu ein wenig Spaß.

Wenn in einer Gemeinde mit warmen Essen die Küchenfrau gefragt wird, warum die Suppe so einen vollen Geschmack hat und die aus der Küche ruft: »Ja, das liegt am frischen Salo«, dann nutze ich den Informationsvorsprung und schiebe meinen Teller zur Seite. »Salo« bedeutet Speck.

Bei Einladungen zu privaten Veranstaltungen halten sich Vor- und Nachteil die Waage. Weil es jetzt immer heißt »er versteht ein wenig Russisch«, werde ich permanent angeschrien. Weil ich nur »ein wenig« verstehe, wird zur besseren Datenübertragung die Lautstärke aufs Maximum erhöht.

Kürzlich: »Möchtest du noch etwas auf den Teller?« – anschließend piepte es im Ohr. Zu allem Überfluss: Ich verstand die Worte – aber sie hatten eine andere Bedeutung.

Antwortete ich: »Nein, ich möchte nichts mehr«, landete eine neue Portion Kuchen auf meinem Teller.

Sagte ich dagegen: »Oh, gern«, bekam ich eine größere Portion Kuchen und Schlagsahne dazu. Bis heute habe ich den Code nicht geknackt. Ich weiß noch immer nicht, wie man tatsächlich überhaupt nichts mehr bekommt. Teller verstecken bringt auch nichts. Das ist der Prozentteil, der mir zur vollen Integration fehlt.

Meinen großen Durchbruch hatte ich in der Grundschule meines Sohnes. Auf dem Gang vorm Lehrerzimmer traf ich eine Familie aus der Gemeinde und sprach sie mit meinem schlechten Russisch an.

Als die Direktorin das hörte, schüttelte sie den Kopf und sagte zu mir:

»Sie müssen sich aber auch endlich mal integrieren!«.

Ich war begeistert. Jetzt fühle ich mich noch integrierter als zuvor. Als russischsprachiger Jude habe ich einen schweren Stand in diesem Land.

Fiebertext

Fast hätte ich diesen Text überhaupt nicht fertigstellen können. Denn ich hatte hohes Fieber und musste mich von meiner Frau versorgen lassen. Die ganze Nacht hatte ich Schüttelfrost und konnte schlecht schlafen.

Auf sage und schreibe 38 Grad stieg das Thermometer! Mehrmals in der Nacht habe ich nachgemessen. Dazu musste ich das Licht anschalten, wie hätte ich sonst das Ergebnis ablesen können. Ich habe dann jedes Mal meine Frau geweckt und ihr meine Temperatur mitgeteilt. Denn sicher war sie besorgt um mich. Ich habe eine Fieberkurve erstellt und die aktuellen Ergebnisse eingetragen. Eine Excel-Tabelle.

Vermutlich war es ansteckend. Meine Frau sah am nächsten Morgen auch ganz angegriffen aus. Sie sagte, sie hätte kaum geschlafen. Aber ich war mir sicher, sie würde es leicht wegstecken. Frauen sind robuster und widerstandsfähiger als Männer. Schließlich steckt ihr Körper ja auch die Qualen der Geburt relativ leicht weg.

Die Nachwirkungen meines Fiebers hielten noch Tage an. Vorsichtshalber habe ich in den folgenden Nächten stündlich nachgemessen.

Was für ein Fieber! Ein Albtraum.

Ich habe viel darüber nachgegrübelt, wo ich mich hätte anstecken haben können. Vermutlich war es keine Ansteckung, sondern eine Folge der Pessachnahrung. Eine Tortur! Die plötzliche Umstellung des Speiseplans lässt einen Organismus, der auf höchste Leistung trainiert ist, sensibel reagieren. Aber noch schlimmer ist Jom Kippur. Gleich nach dem Aufstehen spüre ich, dass mein Körper gemartert wird. Dieser unfassbare Hunger, dieses unfassbare Gefühl von Durst!

Als leidgeprüfter Mann kenne ich die Leiden meiner Geschlechtsgenossen und habe gelernt, dass es mit voranschreitendem Alter nicht besser wird.

Nein, wir werden sensibler!

Kürzlich begann in der Synagoge hinter mir ein älterer Mann während des Gebets zu seufzen. Leise aber hörbar. Zunächst mit großen Pausen, doch dann wurden die Abstände immer kürzer. Ähnlich wie bei Wehen. Ein paar Mal blickte ich mich um. Alles sah normal aus. Der Mann machte einen gesunden Eindruck.

Schließlich flüsterte er in seinem wehenhaften Seufzen: »Oooh, ich habe so einen Durst!« Natürlich.

In der Synagoge war es warm. Kurze Zeit später wieder: »Ooooohh, ich habe so einen Durst!« Nach dem zwanzigsten Wehklagen besorgte ich ihm einen Plastikbecher mit Wasser. Ein Abenteuer für sich, denn ich war mir nicht sicher, ob es sich gehört, Getränke mit ins Morgengebet zu bringen.

Als Retter in der Not versorgte ich jedenfalls den Verdurstenden mit Wasser. Doch nach einigen Minuten setzten die Wehen von Neuem ein. Zuerst in größeren Abständen, später immer häufiger. Als ich es nicht mehr aushielt, fragte ich, was nicht in Ordnung sei. »Ooooh!«, sagte der Mann, »ich hatte einen so starken Durst, ich hatte so starken Durst!«

Der dickste Karpfen im Netz

Das ist nett. Ich komme mir vor wie der dickste Karpfen im Teich. Neuerdings werde ich ständig angesprochen:

»Wie schön, dass wir uns sehen«, oder »Hey, ich kenn dich. Ich habe mitverfolgt, was du damals geschrieben hast!« oder »Nanu. Dein Gesicht kenne ich doch. Du bist doch …«

Man tippt mich an, nimmt mich an die Seite, wendet sich an mich und versichert mir immer und immer wieder, wie toll es doch sei, dass wir uns kennengelernt haben.

Das ist nicht unangenehm. Endlich bekomme ich die Aufmerksamkeit, die mir zusteht. Zwar sagt der Talmud, man solle bescheiden bleiben, aber hey, das bin ich doch.

Immer wieder höre ich die Einladung, ich solle unbedingt die Gelegenheit nutzen und auf gar keinen Fall versäumen, in die Synagoge dieser oder jener Stadt zu kommen. Dort sei die Atmosphäre so toll, man könne jede Menge Freunde treffen und Menschen, mit denen man gern befreundet wäre. Es gäbe keinen besseren Ort für einen entspannten Schabbat.

Das hörte ich mir ein paar Mal an, und dann folgte ich dem Ruf. Einige meiner neuen Freunde waren tatsächlich dort. Ich kam jedoch nicht pünktlich, deshalb konnte ich keine Hände schütteln und die ersten Begrüßungsfloskeln austauschen. Also verlief das Morgengebet ereignislos, und der Kiddusch begann.

Aber auch hier war ein recht kühles »Schabbat Schalom« die größte Freundschaftsbekundung in meine Richtung. Ansonsten passierte das, was einem auch in anderen Gemeinden passieren kann, die sich nicht viel aus neuen Gesichtern machen: Man wird auf irgendeinem Stuhl geparkt, wartet tapfer, bis es etwas zu essen gibt, verzehrt es und macht, dass man schon vor dem Tischgebet startklar ist.

So scheint aus dem dicken Karpfen das Stück Gefilte Fisch geworden zu sein, das am Ende auf dem Teller liegen bleibt und das niemand haben möchte.

Das ist nicht nett, und ich fragte mich ernsthaft, wer wohl das Wasser aus dem Teich gelassen hat. Lieber wieder zurück in die eigenen vier Wände. Zurück ins Goldfischglas.

Nach der Hawdala sind meine »Freunde« plötzlich wieder meine Freunde.

»Wie hat es dir bei uns gefallen? Es war nett, dich kennengelernt zu haben«, schreiben sie. Aha.

Sie haben also tatsächlich bemerkt, dass ich da war. »Komm doch nächste Woche wieder vorbei. Dann können wir ein wenig plaudern, und ich stelle dir diesen und jenen Bekannten vor.«

Sicher nicht, denke ich.

Das ist also das vielgepriesene »soziale Netzwerk« im Internet, in dem man 500, 5000 oder fünf Millionen Freunde sammeln kann.

Allerdings scheinen sie virtuell zu bleiben. Eine Übertragung dieser Freunde ins wahre Leben scheint schwierig zu sein.

Zufällig stolpere ich über die AGBs des sozialen Netzwerks und tatsächlich, da steht es Schwarz auf Weiß:

»Die gewonnenen Freunde bleiben im Besitz des sozialen Netzwerks. Der Nutzer hat kein Recht, diese Freundschaften über das Netzwerk hinaus zu unterhalten oder zu pflegen.«

Das liegt auf der Hand. Denn wenn ich jemanden anrufe, verdienen die kein Geld mit Werbeanzeigen. Wenn ich in der Synagoge jemandem eine Geschichte erzähle, verdienen sie auch nichts daran.

Also muss ich mich wohl wieder einloggen.

Wir sehen uns!

Rabengesang

Wer exzessives Synagogenhopping betreibt, ist auf gute Ratschläge angewiesen.

Wo und wann gibt es einen Kiddusch zum Sattwerden?

Was sollte man nicht verpassen?

Doch die Qualität solcher Informationen steigt und fällt mit ihren Übermittlern.

Da wäre zum einen »der Blender«.

Er schildert alles, was er erlebt hat, in den buntesten Farben und schönsten Bildern. Die Gemeinde, von der er erzählt, sei aktiv und freundlich, der Rabbiner ein allwissender, freundlich lächelnder, Güte ausstrahlender Mann. Der Kantor zu gut für die Oper, bewandert in allen Kniffen und Fallstricken des jüdischen Jahres und ein großartiger Toraleser. Der Kiddusch sei hervorragend und reichhaltig.

Den Blender trifft man eher selten, aber es gibt ihn. Er hofft, dass der Glanz der von ihm gepriesenen Gemeinde auch auf ihn ausstrahlt und die Zuhörer sich voller Neid in die Hände beißen.

Dann gibt es »den kritischen Beobachter«.

Er ist sparsam mit Lobeshymnen, sagt nichts Positives und kratzt negative Töne stets nur an. »Der Kantor war eigentlich ganz gut, aber ich habe nicht verstanden, warum er diese oder jene Melodie gewählt hat, obwohl das doch überhaupt nicht passt.«

Oder: »Die Idee mit dem Fisch zum Kiddusch wäre ganz gut gewesen, wenn er warm serviert worden wäre. Aber vielleicht isst man ihn ja dort kalt. Wer weiß?«

Der kritische Beobachter spricht eigentlich nicht über den Kiddusch oder die Gemeinde, sondern über sich selbst. Er möchte durchblicken lassen, dass er alles besser weiß und deshalb den absoluten Durchblick hat. Informationsgewinn: null.

Typ drei ist »der Vergleicher«. Er ist mein Konkurrent beim Synagogenhopping und kann allerhand Vergleiche zuhilfe ziehen:

»Der Kantor ist ganz gut, zwar nicht so gut wie der in meiner Gemeinde, aber besser als der in der Geburtsstadt meiner Frau.«

Die Mazzeklöße seien von ähnlicher Konsistenz wie die in der Gemeinde seiner Nichte, aber dort gebe es kein Graubrot zur Suppe. Durch geschicktes Fragen kann man in mühsamer Kleinarbeit die ideale Synagoge ermitteln. Auf sein Wort ist Verlass.

Dann gibt es »den Negativen«.

An seinen Qualitätsmaßstäben können sich keine Gemeinde und kein Kiddusch messen. »Nein, furchtbar«, schreit er, nur im Albtraum würde er noch einmal in diese Gemeinde zurückkehren.

»Der Kantor singt schief, ein Rabe ist melodischer und versteht mehr von Nussach. Und der blasse Junge, der die Drascha hielt, war gar kein Barmizwa, sondern der Rabbiner! Und erst der Kiddusch! Ich wäre dankbar gewesen, wenn man mir etwas gegeben hätte, was man in anderen Gemeinden vom Boden kehrt!«

Tja, wer hat recht? Glauben Sie mir, alle vier Berichterstatter waren am selben Schabbat in derselben Synagoge.

Zionisten

In London eine passende jüdische Gemeinde zu finden, ist fast so einfach wie in Deutschland. Bei uns ist es einfach, weil es im Regelfall nur eine Gemeinde gibt.

Da fällt die Auswahl leicht.

In London gibt es dagegen Gemeinden und Gruppen für jeden Geschmack: orthodoxe Synagogen nach englischem Ritus, deutschem oder sefardischem, liberale Synagogen, Reformsynagogen, Masorti-Synagogen und und und.

Jedenfalls suchte ich mir eine der Synagogen für den Besuch am Schabbat aus.

Hauptsächlich natürlich auch, um mit Juden aus der Stadt zu sprechen.

Im Internet machte die Synagoge meiner Wahl einen feinen und gastfreundlichen Eindruck.

Der Kiddusch am Freitagabend mit dem darauffolgenden Oneg Schabbat zeigte, dass viele Reisende eine Synagoge suchen.

Ich traf zum Beispiel Pablo aus Buenos Aires. Er lebte schon seit einer Weile in London. Schnell war das Eis gebrochen. Als er kurz weg war, um ein paar Worte und Telefonnummern mit einer blonden Britin zu tauschen, setzten sich Nurit und Yoram zu mir.

Ein israelisches Paar, junge Leute, die direkt nach Namen und Herkunft fragten.

»Aus Deutschland kommst du? Warum ziehst du nicht nach Israel? Meinst du nicht, du solltest dort leben? Alle Juden sollten in Israel leben! Nur dort können wir als Juden frei sein.«

Wenn sie ihre Angelegenheiten in London geregelt hätten, seien sie froh, Europa wieder verlassen zu können, sagten sie. Auf ihre Fragen hatte ich keine Antwort, aber sie machten mir ein schlechtes Gewissen. Ich wich aus und versicherte mein Engagement für die zionistische Sache.

Sie nannten mich »einen zionistischen Trockenschwimmer« – so heißt das jedenfalls in Deutschland.

Dennoch wurde es ein fröhlicher Schabbatabend, an dem viel gelacht wurde. Wir tauschten Adressen und verabredeten uns lose in der gleichen Gemeinde für den Folgemonat, an dem ich wieder in London sein würde.

In den Wochen dazwischen arbeitete es in mir: Alija, jetzt oder wann überhaupt?

Sollte ich nicht einfach aufbrechen? Aber was würde die Familie dazu sagen? Gibt es überhaupt den richtigen Zeitpunkt?

Als ich wenig später das nächste Mal in London war, fand ich die beiden zunächst nicht, sah aber dann, wie sie sich zu Pablo setzten. Aus Argentinien sei er, aha, und warum lebe er nicht in Israel, wollten sie wissen.

Alle Juden sollten in Israel leben, denn nur dort könnten sie frei sein. Pablo sah zerknirscht aus und fuhr mit dem Finger nervös über den Tisch. Um die Situation für Pablo zu entspannen, warf ich, von der Seite kommend, ein:

»Wenn wir in zehn Jahren alle in Israel leben, treffen wir uns auf einen Kaffee bei mir zu Hause«, schüttelte fröhlich die Hände meiner neuen Freunde und überlächelte mein schlechtes Gewissen ihnen gegenüber.

Noch immer hatte ich keine Antwort auf ihre Fragen. Geschickt mogelte ich mich am Thema vorbei.

Wir tauschten Visitenkarten und hielten später sporadisch Kontakt per E-Mail. Dann gab es eine kleine Pause. Sicher waren sie mit ihrem Umzug beschäftigt.

Waren sie auch.

Denn eines Tages erreichte mich die Einladung zu einer »House warming party«.

»Wir sind froh, endlich angekommen zu sein in unserem eigenen kleinen Haus. Falls Ihr in Berlin seid – feiert mit uns unser neues Zuhause«.

Mendel der Checker

»Alle Verstorbenen sind fromm, und alle Bräute sind hübsch« – so will es ein jiddisches Sprichwort.

Und doch musste ich neulich erst wieder an Mendel selig denken. Er saß stets in der letzten Reihe der Synagoge und knisterte.

Spätestens zum Schma Jisrael stellte er das Knistern ein und entfaltete seine Bild-Zeitung vollständig.

Er störte damit keinen, er saß ja in der letzten Reihe. Wenn er zur Tora gerufen wurde, legte er die Zeitung beiseite, sprach seine Segenssprüche, schaute ebenso interessiert in die Torarolle, wie er es eben mit der Zeitung getan hatte, wartete auf den nächsten Kandidaten und ging wieder zu seiner Zeitung.

Heute frage ich mich, wie man so lange in diesem Blatt herumlesen konnte. Im Urlaub hatte ich mal eins in der Hand, und das ist ja nicht sehr dick. Höchstens fünf oder zehn Minuten – und ich hatte es durch, einschließlich des Textes, der mich darüber informierte, dass Mandy nach ihrer Ausbildung zur Bäckereifachverkäuferin gerne Walretterin wäre. Ihre Kleidung hatte Mandy abgelegt. Ich habe sie natürlich mit der Hand abgedeckt.

Vielleicht hat Mendel sich hinter der Zeitung versteckt?

Vielleicht wollte er nicht, dass man sieht, wie inbrünstig er betete.

Manchmal rief er »Amejn, Amejn« nach vorn, und meistens passte es sogar zu dem, was vorne ablief. Für mich war das damals immer ein unglaublicher Frevel, dabei war ich selber der Freak, der im jugendlichen Überschwang immer schaute, wie die anderen Beter sich verhielten.

Mendel lebte allein, aber nach dem Kiddusch ging er nie allein nach Hause.

Stets fand sich eine Familie, immer aus dem Kreis der russischsprachigen Mitglieder, die ihn zu sich nach Hause einlud. Am Samstagabend sah man Mendel auch mal mit einer Dame, stets mit einer anderen, im Café sitzen. Mendel war ein gefragter Mann, trotz seines fortgeschrittenen Alters.

Beim Kiddusch dann irgendwann unterhielt ich mich mit jemandem über mein herannahendes Abitur, und dann vertraute mir der Mann an, ich solle mich an Mendel halten, der hätte eine große Firma und ein paar Immobilien.

Vielleicht könnte er mir mit einer Ausbildung helfen oder einer Wohnung für mein Studentendasein. Ich sollte mal mit ihm ins Gespräch kommen. Das erklärte seine große Beliebtheit.

Ob auch er mir dazu raten würde, fragte ich

später einen jungen Mann aus der Gemeinde. Er sah mich belustigt an.

»Klar kannste für ihn einkaufen gehen und dich ein wenig einschleimen, nur nützen wird es dir nichts. Der ist ein armer Schlucker, kann sich nicht einmal 'ne dickere Zeitung leisten.«

Wer steckte wohl hinter dem Mythos, Mendel sei ein einflussreicher Bürger meiner Stadt?

Als ich es vorsichtshalber doch versuchte und mit einer Einkaufstasche vor seiner Wohnung stand, fragte ich ihn selbst danach.

Was mir sofort auffiel: Diese Wohnung gehörte keinem Großgrundbesitzer.

Mendel erzählte mir, dass er es selbst war, der den Mythos durch dezente Hinweise hier und dort ein wenig »forciert« habe.

Er nannte es »Marketing in eigener Sache«. Oh, das war ein guter Ratschlag für mein weiteres Leben.

Unbezahlbarer Tipp und das Tragen der Tasche durchaus wert.

Persona non grata

Jetzt bin ich ein Mörder.

Diese Tatsache führt zu einer gewissen sozialen Isolation. Nicht, weil mich mein Sohn kürzlich einen »Stimmungsmörder« nannte, vielmehr bin ich nun offiziell der »Gesprächemörder«.

Zunächst war es nur ein leiser Verdacht. Wann immer ich nach dem Morgengebet zu laufenden Gesprächen hinzutrat, verstummten die tuschelnden Personen und sahen mich mit großen, erwartungsvollen Augen an. Wenn ich jemandem überschwänglich »Schabbat Schalom« wünschte und mich erkundigte, was es Neues gäbe, antwortete die Person nur in aller Knappheit »Schabbat Schalom«.

Das war dann tatsächlich ein sehr friedlicher Schabbat, in erster Linie ein sehr ruhiger. Auch außerhalb der Gemeinde gab man sich wortkarg. Ja, alles in Ordnung, hieß es meist lapidar auf die Frage, wie es gehe und was man so hört. Dann hatten alle immer irgendeinen Termin oder mussten irgendwohin.

Was war passiert? Antisemitismus konnte ich vermutlich ausschließen. In einer Synagogengemeinde eher unüblich, natürlich nicht unmöglich. Hatte ich mich unbeliebt gemacht?

Etwa, als ich freimütig erzählte, ich wäre überzeugt, dass an der Spitze einer Gemeinde nur Personen stehen könnten, die einen gewissen Vorbildcharakter haben und ich einen nichtjüdischen Ehepartner für ein disqualifizierendes Merkmal halte?

Hatte es sich herumgesprochen, dass ich nichts dagegen habe, wenn man Frauen zur Tora aufruft? Wurden diese Verstöße gegen den Mainstream mit sozialer Ächtung bestraft?

Oder war es einfach mangelnde Körperhygiene? Mundgeruch etwa?

Das würde erklären, warum einige Menschen sich abwandten.

Die paar Knoblauchknollen sind doch verträglich. Meine Frau, die gnadenlos ehrlich zu mir ist – manchmal etwas zu ehrlich, konnte diesen Verdacht ausräumen.

Oder war es, weil ich beim Nachschenken des Kidduschweins kürzlich das Glas nicht in vollem Umfang traf und einen Teller auf den Fleck stellte? Wer konnte diese Geschichte verraten haben?

War es vielleicht, weil ich kürzlich ein Gemeindemitglied durch meine bloße Anwesenheit in einem Discounter beschämt hatte?

Als ich mit meinem Einkaufswagen um die Wursttheke bog, stand die ältere Dame da. Ich konnte nichts dafür! Mitten im Gang. In jeder Hand eine Blutwurst. Als sich unsere Blicke trafen und ich grüßte, sah sie ihre Hände an, als würden sie nicht zu ihr gehören.

»Das kann man hier alles nicht essen«, sagte sie schnell und ich antwortete, ich sei überzeugt, das müsse jeder selber entscheiden.

»Persona non grata« flüsterte mir nachts eine Stimme ins Ohr, bevor ich in den unruhigen Schlaf der Dissidenten fiel.

Kurz bevor ich vollkommen paranoid wurde, geschah dann etwas Erleuchtendes.

In einer kleinen Synagoge, in der man überraschenderweise mit mir sprach, erzählte mir ein Bekannter eine Anekdote aus dem Gemeindeleben. »Das stand letztens in der Zeitung«, fügte er hinzu. Die Geschichte kannte ich, denn ich hatte sie selbst erlebt – und für eine Kolumne beschrieben. Plötzlich fiel es mir wie Schuppen von den Augen, warum ich seit Wochen beim Kiddusch geschnitten werde.

Maschiach!
Maschiach!

Prag ist die perfekte Stadt, um dem Stress vor der Bar Mitzwah zu entfliehen.

Mittlerweile touristisch total übererschlossen, aber dennoch wirkt die Stadt lebendig und hat irgendwie lebendig. Außerdem ist die Rolltreppe der Metro fast genauso schnell wie die eigentliche U-Bahn. Das muss man gesehen haben.

In dieser Stadt voller jüdischer Touristen wollten wir uns den Besuch der Synagoge nicht entgehen lassen. Im Gemeindezentrum trafen wir auf eine interessante Ansammlung von Menschen aus der ganzen Welt.

Nach dem Kiddusch tippte mir jemand auf die Schulter, und als ich mich umsah, war ich sehr erfreut, einen alten Bekannten zu erkennen: Danny.

Danny hatte einige Zeit in den USA gelebt und dort geheiratet.

Die Begrüßung seiner Frau war unfassbar euphorisch, und es imponierte mir, wie sehr sie sich anscheinend freute, jemandem zu begegnen, der ihren Mann schon sehr lange kannte. Da sie ein akzentfreies Deutsch sprach und ich einen leichten Wiener Einschlag hörte, hielt ich es nicht für amerikanische Oberflächlichkeit, sondern nahm es sehr ernst.

Auch die Einladung, sie in Amerika doch einmal zu besuchen, nahm ich sehr ernst. Das sei bezaubernd und absolut reizend, sagte ich. Diese Euphorie übertrug sich also auch auf mich.

Im Verlaufe des Gesprächs stellte sich allerdings heraus, dass sie Amerikanerin war und lediglich in Wien studiert hatte. Das ließ mich meine Erwartungen etwas herunterschrauben. Wenn ich jeden Amerikaner besucht hätte, der mir gesagt hatte »Ruf mich an, wenn du in den Staaten bist, du kannst bei mir wohnen«, dann könnte ich bequem einen Jahresurlaub in den USA verbringen, wäre aber zugleich der meistgehasste Besucher dieses Landes.

Wer meint oder nimmt diese Floskel dort schon ernst? Ich dagegen war vollkommen aufrichtig, als ich beide zu einem Gegenbesuch einlud.

»Kommt doch mal bei uns vorbei, wenn ihr in der Nähe seid. An einem Freitagabend wäre perfekt, dann machen wir einen schönen Kiddusch und Oneg Schabbat.«

Meine Frau signalisierte mir, wie wenig sie begeistert war. »Wir machen« würde natürlich bedeuten, dass sie den Großteil vorbereiten musste, während ich mir etwas Schlaues zum Wochenabschnitt überlegte. Nachdem sie gehört hatte, dass die Frau Amerikanerin sei, beruhigte sie sich aber, und wir hatten einen netten Abend in der Prager Gemeinde.

Nach diesem Schabbat verlor ich Danny wieder aus den Augen – und war umso überraschter, als er ein paar Wochen später tatsächlich anrief. Es war ein Mittwoch. Er und seine Frau seien Freitag in der Gegend. Das bedeutete, uns blieb nur der Donnerstag, den perfekten Abend vorzubereiten und es dabei so aussehen zu lassen, als sei das ein regulärer Freitagabend.

Bereits Mittwochnacht roch es in unserer Küche nach Schabbat. Donnerstagnachmittag wurden fehlende Dinge eingekauft und kleine Becher organisiert. Donnerstagabend dann rief Danny an – und sagte ab.

Reiseroute geändert. Kein Problem.

Wir hatten einen perfekten Freitagabend mit gesundheitsgefährdend viel Essen.

Zwei Wochen später rief er wieder an. Diesmal würde es klappen. Wieder war es Mittwoch. Und wieder gingen wir es ein zweites Mal an – und wieder sagte er am Donnerstagabend ab. Als wir das Spiel zum dritten Mal gespielt hatten, sagte ich am Telefon nur noch:

»Wir freuen uns«, aber wir bereiteten nichts mehr vor. Er kam auch nicht.

Meine Frau und ich haben nun eine Wette abgeschlossen: Ich tippe, Maschiach kommt zuerst, meine Frau tippt auf Danny.

Garnelen

Ich habe große Gemeinden gesehen, in denen der Rabbiner einen eigenen Tisch mit »seinen Leuten« hatte.

Mein ortskundiger Bekannter erzählte mir, böse Zungen behaupteten, an diesem Tisch gäbe es das koschere Essen. In der Folge blieb der Tisch auch vollkommen unbehelligt vom Gemeindevolk. Einige Getreue saßen dort und redeten ruhig und angeregt. Der Kontakt zu den Gemeindemitgliedern blieb leider völlig auf der Strecke.

Das sind eindeutig die Nachteile einer großen Gemeinde mit vielen Besuchern zum Morgengebet am Schabbat. Der Kiddusch gleicht einer Großveranstaltung, und den Rabbiner bekommt man ohnehin nicht zu Gesicht und auch nicht zu Gehör.

Die Vorteile kleiner Gemeinden mit wenigen Betern und Teilnehmern des Kidduschs liegen klar auf der Hand: Jeder Platz ist ein Platz am Tisch des Rabbiners, jeder Beter hat die Möglichkeit, ein paar Worte mit ihm zu wechseln. Aber auch daran gibt es natürlich etwas auszusetzen: Jeder andere Anwesende hört mit. Auch wer gerade ins Gespräch vertieft zu sein scheint, hat dennoch einen Kanal offen für die Privatgespräche ein paar Plätze weiter. So habe auch ich stets einen offenen Kanal für allerhand Gespräche, die um mich herum stattfinden. Am interessantesten sind die Fragen, die an den Rabbiner gerichtet werden. Das ist lehrreich, und man kann etwas mitnehmen, um den eigenen Horizont zu erweitern.

»Sagen Sie mal, wir essen hier Lachs. Der schmeckt gut. Ist Fisch und koscher.«

Das war eigentlich mehr eine Feststellung eines älteren Herrn denn eine Frage. Der Rabbiner nickt freundlich und spricht weise:

»Ja.«

Der ältere Herr setzt nach:

»Ah ja. Forelle ist doch auch koscher?«

»Ja.«

»Makrele?«

»Ja.«,

»Rotbarsch?«

»Ja.«

»Sardellen?«

»Ja.«,

»Sardine?«

»Ja.«,

»Schellfisch?«

Ich bemerke, da hat jemand Ahnung von Fischen. Aber es geht weiter:

»Scholle?«

»Ja.«

»Und Petersfisch?«

»Ja.«

»Aal?«

»Ja. Äh. Nein natürlich nicht!«

»Warum nicht?«

»Fische müssen Flossen und Schuppen haben, dann sind sie koscher. Das sind Merkmale, die man sich leicht merken kann.«

Der Mann nickt mehrmals und hält dann inne, um sich zu konzentrieren. Ich nutze die Pause, um mich einzumischen und mein unnützes Wissen abzusondern:

»Genau wie beim Pangasius. Der hat keine Schuppen.«

Der Fischexperte sieht mich verständnislos an. Hat wohl noch nichts vom Modefisch schlechthin gehört. Der Rabbiner wiederum möchte weitere Missverständnisse ausräumen und vollendet seine Definition:

»Tiere, die üblicherweise als Meeresfrüchte bezeichnet werden, sind ebenfalls nicht koscher.«

Der Mann nickt wieder nachdenklich, und bevor ich meine Bemerkung wiederholen kann, fragt er:

»Garnelen, wie sieht es denn mit Garnelen aus? Die interessieren mich auch.«

»Nein, Garnelen sind natürlich nicht koscher.«

Der Fischexperte meldet Zweifel an:

»Sind Sie sicher?«

»Ja.«

»Das ist aber gar nicht gut.«

Ich versuche, die Situation mit einem alten Witz

zu retten: »Wenn es gut schmeckt, ist es mit Sicherheit nicht koscher.« Das hielt ich irgendwie für entspannt selbstironisch, aber der Mann nickt zustimmend und sagt:

»Ja. Genau. Garnelen schmecken mir sehr gut, und ich habe zu Hause noch den ganzen Kühlschrank voll damit. Das kann doch gar nicht sein, dass sie nicht koscher sind. Gut, dann esse ich die aus dem Kühlschrank noch auf, und dann kaufe ich als Ersatz Nordseekrabben. Die schmecken nicht ganz so gut.«

Vielleicht hätte der Rabbiner doch lieber einen eigenen Tisch gehabt.

Antwerpen

Eines meiner grundsätzlichen Probleme ist meine ausgesprochene Neugier.

Im Ruhrgebiet gibt es zahlreiche Möglichkeiten, sie zu stillen.

Wo viele Stadtgemeinden, sind auch viele Möglichkeiten für einen Kiddusch.

Selbstredend hat jede Gemeinde ihre Eigenarten. So gibt es eine, die man fast nur wegen ihres Kidduschs besuchen würde, denn dort gibt es warmes Essen, was im Ruhrgebiet eher die Ausnahme ist.

Um den tollen Service abzurunden, gibt es gleich mehrere Variationen warmen Essens. Der Kiddusch ist äußerst üppig, und die Dame, die ihn vorbereitet, lebt für die jüdische Küche. Schließlich kann man sich jedem Feiertag auch durch die Küchentür nähern.

Davon hörte ich bereits während eines Kidduschs in einer anderen Gemeinde. Dort berichtete eine Bekannte kürzlich nicht nur von den famosen Kochkünsten der Küchenfee, sondern auch über die außerordentliche Beflissenheit, mit der auf Kaschrut geachtet wird.

Jedenfalls wird dort mit Hingabe und Engagement aus streng koscheren Zutaten ein Festival der traditionellen osteuropäischen jüdischen Küche gefeiert. Ein echter Geheimtipp.

Wenn es eine Steigerung von koscher gäbe, etwa »koscher de luxe«, dann träfe das hier zu. Die Verfasser einschlägiger Ratgeberliteratur wären hier an der richtigen Adresse. Jedes Nahrungsmittel hat einen Stempel, auf den Früchten habe ich allerdings keinen gefunden, ist vielleicht beim Waschen abgefallen.

Das nächstgelegene Koscherrestaurant wäre das »Hoffy's« in Antwerpen.

Schlechte Qualität wird dort neuerdings durch erhöhte Preise ausgeglichen. Das war jedenfalls mein Eindruck.

Dieses Restaurant wird von jenem Kiddusch jedoch um Längen in den Schatten gestellt.

Genau in Antwerpen traf ich vor einiger Zeit in einem koscheren Supermarkt auf die Dame. Genauer gesagt, traf ich zunächst auf ihren Ehemann, den sie im Eingangsbereich mit zwei orangefarbenen Einkaufstüten geparkt hatte.

Obwohl er mich »vom Wegsehen« kannte, lächelte er mich etwas verlegen Richtung Boden an. Seine bessere Hälfte nahm gerade den charedischen Ladenbesitzer in die Mangel, zog Tüte um Tüte, Dose um Dose aus den Regalen und erkundigte sich nach der Vertrauenswürdigkeit von diesem oder jenem Koscherstempel. Regalmeter für Regalmeter.

Ich versteckte mich hinter einem Regal mit Plastikgeschirr. Um keinen Preis wollte ich mit der Frau in Verbindung gebracht werden.

Der Ladenbesitzer sah mich nicht. Er zeigte ein gewisses Unverständnis gegenüber den Fragen der Frau. Es war ja wohl auch nicht zu erwarten, dass er auch nur einen der zahlreichen Stempel in seinem Laden irgendwie anzweifeln würde.

Als ich zahlte, zeigte die Kasse »Chodesch Tov!« an – einen guten Monat.

Angesichts des nassgeschwitzten Mannes hinter der Kasse hatte das einen zynischen Beigeschmack. Auf der anderen Seite:

Wenn er gewusst hätte, dass er soeben den Besuchern einer Synagoge in Deutschland zu einem kulinarischen Moment des Glücks verholfen hat, wäre sein Leid gewiss nur halb so groß gewesen.

Wo es diesen Kiddusch gibt?

Geheimtipps sind nur deshalb geheim, weil man sie niemandem verrät.

Flucht

Ein Freund ermahnt mich von Zeit zu Zeit, ich solle nicht schon während des *Adon Olams*, dem traditionellen Rausschmeißer des Morgengebets am Schabbat, meinen Tallit zusammenfalten und in den dafür vorgesehenen Beutel stecken.

So war ich in der Regel bei »Irraaahhh«, dem letzten Wort des gesungenen Gebetes, startbereit, konnte aufstehen, Hände schütteln und mich zum Kiddusch begeben.

Das sei noch schlimmer, als im Kino das Aufblitzen des Abspanns nicht abzuwarten; dort gibt es ja bekanntlich eine Fraktion der Aufspringer und eine der Sitzenbleiber. Letztere schauen manchmal sogar noch dem Reinigungspersonal bei der Entsorgung der Getränkebecher zu.

Ich empfand den Vergleich immer als ein wenig schräg.

»Das machen doch alle so«, wandte ich stets ein. Und dieser Einwand ist stichfest. Dennoch begann ich, die Ermahnung meines Freundes zu beherzigen – was sehr schwer war. Besonders, wenn besagter Freund nicht dabei war, litt ich unter Rückfällen. Wenn es klappte, fuhr ich auch oft ganz gut damit. Manchmal hatte ich aber auch den Verdacht, die anderen Beter glaubten, ich wüsste nicht mehr, wann das Gebet zu Ende sei.

Richtig schwierig allerdings wurde es, als ich mich in einer anderen Gemeinde an den Ratschlag meines Freundes hielt.

Dort wollte ich natürlich erst recht nicht unangenehm auffallen. Es darf ja nicht der Eindruck erweckt werden, ich hätte vor zu fliehen, ganz gleich wie gut oder schlecht die Stimme des Vorbeters war. Wer möchte schon als der Mann bekannt sein, der immer zu früh seine Sachen zusammenpackt? Oder am Ende käme gar jemand auf die Idee, ich würde nur wegen des Kidduschs in die eine oder andere Synagoge gehen.

Die kurze Pause vor dem *Adon Olam* war schwer. Meine Hand wollte gerade hochschnellen und mir den Tallit von den Schultern nehmen, als ich zitternd widerstand und wieder Platz nahm auf meinem Stuhl.

Der Vorbeter hob an zu singen.

Die altbekannte Melodie des *Adon Olam* half mir dabei, mich innerlich zu entspannen. Normalerweise singe ich halblaut mit. Eher gedämpft, weil ich vermute, dass niemand mich tatsächlich singen hören will. Nach dem ersten Satz dachte ich: »Respekt, hier lauschen alle dem Vorbeter«, denn ich hörte nur ihn.

Kein Gemurmel, keine gedämpften Diskussionen, kein Geknister von Plastiktüten – nur die Stimme des Vorbeters.

Eine innere Ruhe machte sich breit, und langsam wich die Anspannung des »Entzugs« von mir.

Die Ruhe hatte ihren Grund:

Völlig lautlos waren die anderen Beter längst aufgebrochen und saßen in einem Nebenraum am gedeckten Tisch, wo sie Speis und Trank unter sich aufteilten.

Als ich wenige Minuten später hinzukam, mit dem Gefühl eines Schülers, der zu spät in die Klassenarbeit platzt, hatten manche ihren ersten Teller bereits geleert und starrten mich fassungslos an. Krümel fielen von ihren Mundwinkeln, und es wurde fast ebenso still wie beim *Adon Olam*.

»Jemand, der die Gepflogenheiten nicht kennt«, werden sie gedacht haben und aßen weiter. Der Vorbeter schlich sich hinter mir unbemerkt an seinen Platz.

Der eigentliche Kiddusch folgte dann auch noch. Man soll eben Alkohol nicht auf leeren Magen trinken.

Das Kochbuch

Ich kann mich ohne Zögern als die »männliche Alice Schwarzer« des Judentums bezeichnen.

»Emanzipation« würde auf meinen Fahnen stehen, wenn ich denn welche schwenken würde.

Frauen auf die Bima!

Rabbinerinnen in die Seminare!

Kantorinnen für die Welt!

Diese Forderungen fallen mir leicht, immerhin habe ich genug Zeit, sie zu formulieren, denn meine Frau sorgt zu Hause dafür, dass ich den Rücken frei habe und täglich zwei warme Mahlzeiten bekomme – plus Frühstück und Tee am Nachmittag. Dafür gebührt ihr ein Extralob, denn immerhin ist sie selbst auch berufstätig.

Nichts ist besser, als mit einem guten Gewissen von einem egalitären Minjan zu kommen und zu Hause hat die Ehefrau etwas Leckeres zum Kiddusch vorbereitet. So kann ich mit offenen Armen Gäste empfangen und bei hervorragendem Essen über Raschis Töchter, die ja Tefillin gelegt haben sollen, philosophieren. Zuweilen kann ich sogar ein paar tolle Sachen für den Kiddusch in die Synagoge mitnehmen.

Hin und wieder revanchiere ich mich bei meiner Frau für ihr großes häusliches Engagement.

Dann natürlich umfassend und gründlichst.

Erst kürzlich habe ich ihr beispielsweise ein Kochbuch gekauft. Irgendwas mit jüdischer Küche im Titel. Im repräsentativen roten Hardcover.

Es war heruntergesetzt, die Gelegenheit also äußerst günstig. Und so habe ich es gekauft und es chic einpacken lassen, obwohl die Verkäuferin sich geziert hat und meinte, es sei eine Schande, ein Buch in Papier einzupacken, das mehr kostet als das Buch. Der kostenlose Service sollte ja wohl für alle zur Verfügung stehen, antwortete ich. Schließlich sei er an keinerlei Bedingungen geknüpft.

Eingepackt machte das Buch einen imposanten Eindruck.

Ich war stolz: So viele Seiten für so wenig Geld. Das Preis-Leistungsverhältnis schien zu stimmen. Zu Hause angekommen, habe ich es dann feierlich überreicht. Tatsächlich war meine Frau überrascht, ohne einen besonderen Anlass ein Geschenk von mir zu bekommen.

Vorsichtig öffnete sie das Päckchen, und ich faltete anschließend sorgfältig das Papier zusammen. »Aha« sagte sie, »ein Buch für meine Sammlung koscherer Kochbücher«, und ich fühlte meinen Kauf bestätigt.

»Das ist doch bestimmt eines, in dem steht, Pessach sei das jüdische Osterfest. Mit jeder Menge Geschichten und einer winzigen Sammlung von Rezepten.«

Ich war etwas überrascht, aber auf diesem Gebiet war sie zweifellos eine Expertin und kannte sich aus.

»Ich schaue es mir später an«, sagte sie kühl. »Stell es doch bitte in den Schrank neben die anderen Kochbücher.«

Ich protestierte kleinlaut: »Du kannst doch ein Buch nicht nach dem Cover beurteilen«, was sie mit »Oh doch« quittierte.

Also öffnete ich den Schrank und fand auch noch eine Lücke zwischen den anderen Kochbüchern im roten Umschlag. Die hatte ich wohl zu früheren Gelegenheiten günstig gekauft.

Bar Mitzwah King

Fast jede Woche Gast bei einer anderen Barmizwa zu sein, fordert seinen Tribut.
Ich nehme weltmeisterlich zu.

Seitdem wir die Barmizwa unseres Sohnes auf dem Schirm haben, klappern wir die Feste im Umkreis ab. Wenn die Barmizwa nicht bald wäre, könnte ich demnächst nur noch als Sumo-Ringer arbeiten.

Freunde aus den USA haben mir von ihrer Gemeinde berichtet, in der jeden Schabbat mindestens ein Kind Barmizwa wird.
Das würde mich umbringen!
Der Grund dafür, dass wir auf jede Barmizwa gehen, ist der, dass mein Sohn sieht, wie so etwas abläuft und dass sich auch andere Kinder ganz ordentlich blamieren.
Wir haben schon so einiges gesehen: den perfekt vorbereiteten Jungen, der die Haftara mit einer schönen Stimme in der traditionellen Melodie vorsingt etwa. Oder auch den, der so leise spricht, dass man ihn gar nicht hört. Oder den, der sich einen Zettel mit lateinischer Umschrift in die Tora-

rolle gelegt hat.

Unvergessen die Barmizwa, bei der sich der junge Mann vor lauter Aufregung in der Toilette einschloss und sich weigerte, wieder herauszukommen.

Naja, besser als der Bursche, der sich vor dem Aufruf übergeben musste. Damit hatten Rabbiner und Vorbeter nicht gerechnet und so teilten sie brüderlich den Auswurf des Jungen.

Den Festkiddusch haben wir trotzdem verputzt. War lecker.

All diese Feste hatten gemeinsam, dass der kleine Daniel mit seinem Vater jeweils auch zugegen war. Und das war noch schlimmer als die gesundheitlichen Risiken durch übermäßiges und zu fettiges Essen. Daniel und sein Vater hatten den gleichen Plan wie wir.

Während mein Sohn die Sache mit entspannter Ruhe verfolgte und von Woche zu Woche auf einen immer größeren Fauxpas wartete, wertete Daniel alles genauestens aus und stattete beim anschließenden Kiddusch stets Bericht ab.

Von Daniel erfuhr ich, dass der rothaarige Dimitri derjenige mit dem Zettel in der Torarolle war, obwohl er vom Rabbiner als bester Schüler aller Zeiten gelobt wurde.

Daniel analysierte alles ganz genau, und natürlich fiel ihm jeder winzige Fehler sofort auf.

Dann schüttelte er stets energisch den Kopf. »Der Junge hatte nicht beide Hände an der Torarolle« oder »das war ein anderer Vokal, der hat ja gar keine Ahnung« oder auch »man darf sich ruhig vernünftig vorbereiten« und »der hatte bei der Amida gar nicht die Füße richtig zusammen. So etwas nennt sich Barmizwa!«

Zwischendurch konnte man Daniel sagen hören: »Was für ein Trottel.«

Niemand konnte Daniel entgehen.

Als wir herausfanden, dass er selbst bald fällig sein würde, fiel uns ein Stein vom Herzen.

Wahrscheinlich würde damit diese Plage enden und wir blieben verschont von seinem Spott.

Auf jeden Fall würden wir uns zu seiner Barmizwa selbst einladen und genauestens hinschauen.

Allerdings kam es nicht dazu.

Daniel hatte sich zwar mehr als ein Jahr lang gemeinsam mit seinem Vater gründlich vorbereitet und konnte meisterhaft lejnen.

Doch hielt er den Rabbi für einen Stümper und hatte ihm schon lange nicht mehr zugehört.

So hatte er den falschen Wochenabschnitt einstudiert.

Die Bar Mitzwah!

Es war naiv von meiner Frau und mir.

Wir hatten geglaubt, man könne eine Barmizwa mit guter Vorbereitung reibungslos über die Bühne bringen.

Um Grundlagen zu schaffen, hatten wir das Fest mit großem Vorlauf geplant.

Ich erinnere mich, dass wir zwischen dem zweiten und dritten Geburtstag unseres Sohnes damit angefangen haben.

Die ersten Entwürfe der Gästeliste sind längst vergilbt und ähneln den Qumran-Rollen: durchgestrichen, hinzugefügt, überschrieben, kommentiert (»schenkt nur Unsinn«, »Schnorrer«, »hat uns bei der Gemeindeversammlung nicht gegrüßt«).

Seit Jahren wurde die Gästeliste immer wieder modifiziert.

Wenige Wochen vor dem Fest tauchten, wie von Geisterhand geschrieben, täglich weitere Namen auf. Mein Sohn hatte einen Zusammenhang entdeckt: Mehr Gäste – mehr Geschenke.

Die ersten Einladungen verließen die Druckerei schließlich mit sieben Monaten Vorlauf. Wir tüteten sie sofort ein und versandten sie. Ich legte einen E-Mail-Verteiler an, um auch entferntere Verwandte und Bekannte über die anstehende Barmizwa zu informieren.

Eine aufwendig programmierte Excel-Tabelle errechnete anhand der angemeldeten Gäste, wie viel Essen und Getränke wir beschaffen mussten.

Die ersten eintreffenden Antworten verbreiteten gute Laune.

»Wenn ich dann noch lebe, komme ich gern«, schrieb ein Großonkel meiner Schwiegermutter. Dann gab es die Leute, die sich nicht verbindlich äußern wollten und erst einmal erfahren wollten, wer noch so eingeladen ist. Sagten diese Leute dann zu, sorgte ich dafür, dass sie beim Kiddusch mit denen zusammensaßen, mit denen sie gewisse Probleme hatten.

Denn: Eine Simche ist ein perfekter Zeitpunkt, um sich auszusöhnen.

Definitive Absagen waren selten deutlich formuliert.

Niemand schrieb »Ich habe keine Zeit« oder »Macht Ihr Witze?«

Einige, die absagten, hatten sich die Mühe gemacht und nach Ausreden gesucht:

»Ich würde ja gerne, aber leider ist dies und das und jenes.«

Die noch Unentschlossenen trieb ich in die Enge: »Werdet Ihr nun kommen?«

Sie drucksten herum: »Ist schwierig, wir müssen ja wahrscheinlich unsere Enkelin von der Schule abholen.«

»Mitten in den Ferien?«, antwortete ich.

»Ach so, ja, vielleicht müssen wir auf den Jungen aufpassen, denn seine Eltern wollen nach Israel fahren.«

»Der Junge ist 20!«, wandte ich ein.

»Wir rufen Dich später an und sagen Dir, ob wir es schaffen.«

Mit dieser Taktik wurde die Gästeliste immer länger. Doch je näher der Termin rückte, desto dankbarer wurden wir für jede Absage.

Noch Stunden vor der Barmizwa trafen Rückmeldungen ein. Wann es losginge?

Ob man noch zwei, drei Leute mitbringen dürfe?

Ein Hotel rief an und fragte, ob ich bestätigen könnte, die Kosten für fünf Gäste zu übernehmen.

Wir wussten nur noch ungefähr, wer kommt und lächelten alle an.

Auch den Mann, der mich am Büfett vertrauensvoll zur Seite zog, um eine wichtige Frage loszuwerden:

»Wissen Sie vielleicht, wer oder was hier gefeiert wird?«

LexiKohn (Glossar)

Al Chet Wörtlich »Für die Verfehlung«. Eine Aufzählung von »Sünden« an **Jom Kippur**, die von den Betern mehrmals gesagt wird. Die Form und der Inhalt sind in den Gebetbüchern festgelegt. Etwa »böse Rede«, Sünde durch »Speis und Trank« und so weiter. Typische Sünden sind damit abgedeckt. Der Mensch ist auf diesem Gebiet aber recht kreativ, deshalb hat man wohl aufgegeben, das Gebet immer wieder auf den neuesten Stand zu bringen.

Bar- oder Bat-Mitzwah das bedeutet »Sohn« oder »Tochter der Mitzwah«. Jungs sind im Alter von 13 und Mädchen im Alter von 12 Jahren religiös für sich selber verantwortlich und müssen selber sehen, wie sie mit den vielen **Mitzwot** umgehen. Wenn sie Bar- oder Bar-Mitzwah werden, ist das häufig Anlass für eine (große) Feier. Die Jungs zählen dann auch zum **Minjan**.

Bimah Der erhöhte Platz in der Synagoge mit dem

Pult, von dem die **Torah** gelesen wird. Bei Synagogenführungen wird der Tisch häufig für einen Altar gehalten.

Brachah wörtlich »Segen«. Observante Juden (also diejenigen, die sich an die meisten Gebote halten) sprechen eine, bevor sie eine **Mitzwah** erfüllen, aber auch über Nahrungs- und Genußmittel.

Bessamim Für die **Hawdalah** werden gut riechende Kräuter oder Gewürze benötigt. Diese werden Bessamim genannt.

Challah oder auch **Challe** Brot, welches speziell für den Schabbat gebacken wird. Es besteht meist aus zwei Strängen, die zu einem Zopf geformt werden. Wenn sie gut ist, ist die Challeh schön weich, außen knusprig.

Hawdalah Die »Unterscheidung« zwischen **Schabbat** und Wochentag. Eine kleine Zeremonie, die den Schabbat abschließt. Sie findet im Kreis der Familie oder öffentlich statt.

Chabad Sie kennen Chabad nicht? Wo waren Sie in den letzten Jahren? Na gut: Chabad ist eine chassidische Gruppe innerhalb des (orthodoxen) Judentums, die von Rabbi Schneur Salman von Ljadi (1745–1812) begründet wurde. Das besondere ist, dass Chabad zu den Gruppierungen gehört, die akiv Mitglieder gewinnen, indem sie auf sie zugehen. Zudem ist Chabad nahezu überall auf der Welt zu finden. Legende ist ein riesiger Sederabend in Katmandu mit rund 1000 Teilnehmern.

Jom Kippur ist DER jüdische Feiertag. Von Sonnenuntergang bis zum Eintritt der Dunkelheit des nächsten Tages wird gefastet, gebetet und um Vergebung gebeten.

Kabbalat Schabbat Der Empfang des **Schabbats**. Ein Gebet, welches dem eigentlichen Abendgebet am Eingang des Schabbats vorangeht. Der Begriff ist heute stellvertretend für das gesamte Gebet am Freitagabend.

Kaschrut Die Regelungen bezüglich koscherer Nahrungsmittel. Also bitte unter **Koscher** schauen.

Kiddusch Eigentlich ist »Kiddusch« die Heiligung des Schabbats oder des Feiertages durch Wein. Heute steht der Begriff auch für eine Zusammenkunft nach den Gebeten in der Synagoge.

Kippah Das kleinen Käppchen die Juden und der Papst manchmal tragen? Richtig. Das sind Kippot. Die Kippah des Papstes nennt man Pileolus. Manchen tragen eine Kippah nur zum Gebet, andere tragen sie während des gesamten Tages. In Deutschland ist das Nichttragen manchmal keine mangelnde Observanz sondern eher eine Vorsichtsmaßnahme.

Koscher Muss das wirklich erklärt werden? Sagen

wir mal so: Nahrungsmittel, die nach den religionsgesetzlichen Vorschriften zum Verzehr erlaubt sind. Schweine sind es nicht. Rinder schon. Auf Seite 40 liest man etwas mehr dazu.

Mazza - Mazzot Insider sagen »Mazze«. Das ungesäuerte Brot für Pessach. Mazzot werden auch »Brot der Armut« (5. Buch Mose 16,3) genannt. Koschere Mazzot werden häufig importiert und deshalb ist das Brot der Armut für viele Arme zu teuer.

Mincha Das Nachmittagsgebet

Minjan Man benötigt mindestens zehn erwachsene Juden, um aus der Tora lesen, das *Schmoneh Essre* oder *Kaddisch* öffentlich sprechen zu können. Der Minjan stellt erst die »Öffentlichkeit« her.

Mitzwah ein religiöses Gebot. Wird im alltäglichen Gebrauch aber auch synonym für »gute Tat« verwendet. Das »Sefer HaMizwot« von Maimonides (1135-1204) listet 613 Mizwot auf.

Oneg Schabbat Wörtlich: »Freude des Schabbat«. Ist heute im Zusammenhang mit den Gemeinden gleichbedeutend mit *Kiddusch*, also der gemeinsamen Mahlzeit nach den Gebeten.

Schabbat Im allerschlechtesten Fall sagt man zu Juden »Sabbat«. Der Schabbat ist der wöchentliche Feier- und Ruhetag. Er beginnt am Freitag, knapp vor dem Sonnenuntergang und dauert bis zum Sonnenuntergang am Samstag.

Schiur Ein Schiur ist ein Vortrag oder eine angeleitete Diskussion zu einem religiösen Thema.

Schmone Essre Das »Achtzehnbittengebet«. Trotz seines Namens besteht es aus 19 Bitten und **Brachot**. Spricht man von der »Tfillah« (Gebet), dann ist in den meisten Fällen das Schmone Essre Gebet gemeint. Es ist das Hauptgebet im Morgengebet (Schacharit), Mittagsgebet (**Mincha**) und im Abendgebet (Ma'ariw). Es wird stehend gesprochen. Beter **schockeln** bei diesem Gebet nicht selten.

Schockeln Die Bewegungen, die viele Männer beim Gebet machen: Vor und zurück. Schockeln ist der jiddische Begriff dafür (von Deutsch: schaukeln). Vielleicht ist man sogar versucht, über das Schockeln die Intensität des Gebets zu messen. Wer viel schockelt, scheint mit größerer Hingabe zu beten. Nach Jehuda haLevi (etwa 1075–1141) und seinem Buch Kuzari stammt die Geste aus einer Zeit, in der nicht alle Juden Bücher oder Handschriften hatten. Damit jeder mal hineinschauen konnte, beugte sich einer kurz nach vorn, während ein anderer nach hinten wich. Die Mischna Berura von Rabbi Jisrael Meir Kagan (1838–1933) erlaubt das Schockeln warnt jedoch davor, ungewöhnliche Bewegungen zu machen, nur um die Aufmerksamkeit der anderen Beter auf sich zu ziehen.

Schomer Schabbat Jemand, der den Schabbat mit all seinen Vorschriften einhält. Besonders bekannt ist dieser Begriff, weil Walter Sobchak ihn in »The Big Lebowski« verwendet. Mit Verweis darauf, verweigert er die Teilnahme an einem Bowling-Wettbwerb.

Tallit Ein Tuch oder ein Schal aus Wolle, Seide oder Synthetikfasern. Oft hat der Tallit schwarze oder blauen Streifen. Er dient zur Befestigung der *Tzitzit*.

Tzitzit Ein Torahgebot wird mit den Tzitzit (4. Mose 15, 37-41) erfüllt. Es sind Bündel aus langen weißen Fäden aus Wolle, die mit einer speziellen Technik mehrfach geknotet sind.

Torah Profis sagen »Tojre«. Das sind die fünf Bücher Mos(ch)e, der Pentateuch, die Weisung, die Lehre, das Gesetz, die Belehrung. Genesis-Exodus-Levitikus-Numeri-Deuteronomium. Ist das soweit verständlich?

Inhalt